essentials

essentials liefern aktuelles Wissen in konzentrierter Form. Die Essenz dessen, worauf es als „State-of-the-Art" in der gegenwärtigen Fachdiskussion oder in der Praxis ankommt. *essentials* informieren schnell, unkompliziert und verständlich

- als Einführung in ein aktuelles Thema aus Ihrem Fachgebiet
- als Einstieg in ein für Sie noch unbekanntes Themenfeld
- als Einblick, um zum Thema mitreden zu können

Die Bücher in elektronischer und gedruckter Form bringen das Expertenwissen von Springer-Fachautoren kompakt zur Darstellung. Sie sind besonders für die Nutzung als eBook auf Tablet-PCs, eBook-Readern und Smartphones geeignet. *essentials:* Wissensbausteine aus den Wirtschafts-, Sozial- und Geisteswissenschaften, aus Technik und Naturwissenschaften sowie aus Medizin, Psychologie und Gesundheitsberufen. Von renommierten Autoren aller Springer-Verlagsmarken.

Weitere Bände in der Reihe http://www.springer.com/series/13088

Frank Eckardt

Gentrifizierung

Forschung und Politik zu städtischen Verdrängungsprozessen

Frank Eckardt
Fachbereich Architektur und Urbanistik
Universität Weimar
Weimar, Deutschland

ISSN 2197-6708 ISSN 2197-6716 (electronic)
essentials
ISBN 978-3-658-21713-6 ISBN 978-3-658-21714-3 (eBook)
https://doi.org/10.1007/978-3-658-21714-3

Die Deutsche Nationalbibliothek verzeichnet diese Publikation in der Deutschen Nationalbibliografie; detaillierte bibliografische Daten sind im Internet über http://dnb.d-nb.de abrufbar.

Springer VS
© Springer Fachmedien Wiesbaden GmbH, ein Teil von Springer Nature 2018
Das Werk einschließlich aller seiner Teile ist urheberrechtlich geschützt. Jede Verwertung, die nicht ausdrücklich vom Urheberrechtsgesetz zugelassen ist, bedarf der vorherigen Zustimmung des Verlags. Das gilt insbesondere für Vervielfältigungen, Bearbeitungen, Übersetzungen, Mikroverfilmungen und die Einspeicherung und Verarbeitung in elektronischen Systemen.
Die Wiedergabe von Gebrauchsnamen, Handelsnamen, Warenbezeichnungen usw. in diesem Werk berechtigt auch ohne besondere Kennzeichnung nicht zu der Annahme, dass solche Namen im Sinne der Warenzeichen- und Markenschutz-Gesetzgebung als frei zu betrachten wären und daher von jedermann benutzt werden dürften.
Der Verlag, die Autoren und die Herausgeber gehen davon aus, dass die Angaben und Informationen in diesem Werk zum Zeitpunkt der Veröffentlichung vollständig und korrekt sind. Weder der Verlag noch die Autoren oder die Herausgeber übernehmen, ausdrücklich oder implizit, Gewähr für den Inhalt des Werkes, etwaige Fehler oder Äußerungen. Der Verlag bleibt im Hinblick auf geografische Zuordnungen und Gebietsbezeichnungen in veröffentlichten Karten und Institutionsadressen neutral.

Gedruckt auf säurefreiem und chlorfrei gebleichtem Papier

Springer VS ist ein Imprint der eingetragenen Gesellschaft Springer Fachmedien Wiesbaden GmbH und ist ein Teil von Springer Nature
Die Anschrift der Gesellschaft ist: Abraham-Lincoln-Str. 46, 65189 Wiesbaden, Germany

Was Sie in diesem *essential* finden können

- Einen Überblick über den internationalen und deutschen Forschungsstand zu Gentrifizierungen
- Eine kritische Diskussion der bisherigen Definitionen und Konzeptionen der Gentrifizierung
- Ein Plädoyer für eine Diversifizierung der Gentrifizierungsforschung
- Vorschläge, wie man Gentrifizierung verhindern kann

Vorwort

„Gentrifizieren Sie auch?“ Diese Frage stellte die Süddeutsche Zeitung am 22. Juni 2015 ihren Lesern im Online-Forum. Gentrifizierung ist inzwischen zu einem bekannten Begriff geworden, mit dem sich unterschiedliche Probleme in der Stadt verbinden. Aus den Antworten der Leser/innen lässt sich erkennen, dass sich mit „Gentrifizierung“ eine Problematisierungsvokabel in der öffentlichen Debatte etabliert hat, die im Konkreten sehr unterschiedliche Aspekte der Stadtentwicklung meinen kann. Wer über Gentrifizierung redet, will in der Regel Schwierigkeiten bei der Wohnungssuche, Luxussanierungen, das Fehlen bezahlbaren Wohnraums, soziale Abschottungen und vieles mehr ansprechen. Nicht immer ist damit gemeint, dass Menschen aus ihrer bisherigen Wohnung verdrängt werden. Obwohl andere soziale Probleme nicht von der Gentrifizierung getrennt werden können, geht es in diesen *essentials* vor allem um die Frage, wie es kommt und verhindert werden kann, dass Bewohner/innen aus ihrem angestammten Wohnraum und ihrer Nachbarschaft verdrängt werden.

Wer über Gentrifizierung forscht, bewegt sich in einem politischen Raum, der nicht neutral erkundet werden kann. Zu verstehen, wie Gentrifizierung funktioniert, ist auch Herrschaftswissen, solange das Wissen darüber nur bei den potenziellen Gentrifizieren wie den SZ-Leser/innen vorhanden ist. Ziel dieses *essentials* hingegen ist es, die Gentrifizierungsforschung pointiert, fokussiert und leicht verständlich möglichst vielen Leser/innen zugänglich zu machen. Ansonsten bleibt wahr, was der Kulturwissenschaftler Jens Martin Gurr (2017) in einem Blog-Eintrag aufgeschnappt hat: „Alle, die das Wort Gentrifizierung kennen, sind Teil des Problems.“

Frank Eckardt

Inhaltsverzeichnis

1 Einleitung

Menschen wurden immer schon aus ihren Häusern vertrieben. Zumeist ist dabei brutale Gewalt benutzt worden. Der Schutz von Bewohner/innen vor der Vertreibung aus dem eigenen Haus ist von daher eine historische Errungenschaft, die heute jedoch nicht durch direkte Gewalt bedroht wird, sondern sich durch die Gesetze des freien Marktes auf vielfältige Weise infrage gestellt wird. Unterschiedliche Beispiele haben gezeigt, dass es bei der Umsetzung von Vertreibungen im Zuge der Gentrifizierung aber durchaus auch zu direkter oder indirekter Gewalt gegen Personen kommt, die vor allem durch staatliche Institutionen ausgeführt wird. Mit dem Begriff der Gentrifizierung wird jedoch eine relativ neue Form der Verdrängung beschrieben, die nur auf dem Hintergrund staatlich monopolisierter Gewalt und einem gesellschaftlichen Grundkonsens, der Mieterrechten einen besonderen Status einräumt, betrachtet werden muss. Ausgangspunkt für das Entstehen von Verdrängungen durch Gentrifizierung ist die Beobachtung, dass dieser Konsens über staatliche Aufgaben und Mieterschutz zu schwinden scheint.

Konsequenterweise ist der Begriff der Gentrifizierung zum ersten Mal in den 1960iger Jahren in Großbritannien aufgetreten, zu einem Zeitpunkt, als sich die Gesellschaft grundlegend zu verändern begann. Als die englische Soziologin Ruth Glass (1964) ihn in die Forschungsliteratur einführte, beschrieb sie damit einen generellen Wandel der Stadt London. Die Veränderungen in dem von ihr untersuchten Stadtteil Islington betrachtete sie als einen Prozess, bei dem die Mittelklasse vom Land, die sogenannte Gentry, einzieht, sich die Bewohner/innen des alten Arbeiterstadtteil sich die Mieten nicht mehr leisten können und sich der soziale Charakter der Nachbarschaft verändert. Die Gentry nahm sich der heruntergekommenen Häuser mit ihrem viktorianischen Baustil des 19. Jahrhunderts an und setzte diese wieder in Wert. Um die getätigten Investitionen in die Gebäude zu amortisieren, wurden die Mieten erhöht und gerieten die Arbeiterfamilien in Schwierigkeiten. Schon in dieser ersten Gentrifizierungsstudie ist das

© Springer Fachmedien Wiesbaden GmbH, ein Teil von Springer Nature 2018

F. Eckardt, *Gentrifizierung*, essentials,
https://doi.org/10.1007/978-3-658-21714-3_1

bis heute aktuelle Thema der Vertreibung ärmerer durch reichere Bewohner/innen auf den Punkt gebracht worden. Für Glass war dieser Prozess nicht aufzuhalten und führte dazu, dass sich die Gentrifizierung bis zum vollkommenen Wandel der Nachbarschaft vollzieht. Auch diese Vorstellung von der nicht-endenden, quasi automatischen Gentrifizierung ist bis heute wirkungsmächtig und wird von vielen Zeitgenossen und Forscher/innen nicht hinterfragt.

Wenn man sich die Gentrifizierung als einen Prozess vorstellt, der nicht aufzuhalten ist, dann gilt für viele: wehret den Anfängen! Mit einer solchen Vorsicht wird jedoch jede Form der baulichen Aufwertung problematisch, sodass sich in der weiteren Diskussion um Gentrifizierung eine ebenfalls nach wie vor relevante Problematik offenbarte, nämlich das wahrgenommene Dilemma zwischen notwendiger oder gewünschter städtebaulicher Erneuerung und Aufwertung auf der einen und dem Recht auf Verbleib in der angemieteten Wohnung und somit dem Schutz des Einkommens auf der anderen Seite. In den Jahren nach Glass' Studie wurde dies schon bald überdeutlich. Als sich in New York die Brownstone-Bewegung zum Ziel setzte, die ebenfalls aus dem 19. Jahrhundert stammenden braunen Backstein-Gebäude vor dem Zerfall zu retten, wehrten sich die Aktivist/innen vor der Gentrifizierungskritik, in dem sie behaupteten, dass Gentrifizierung natürlich sei und ihre Effekte zu begrüßen sind: „Gentrification ist kein ‚Genozid' sondern ‚Genesis'" (zit. n. Moskowitz 2017, S. 31 f.) hieß es in einer programmatischen Schrift des Brownstone Rivaval Committee im Jahr 1969.

Ob städtische Veränderungen eher als Aufwertung positiv oder negativ und als Vorboten von Vertreibungen zu sehen sind, ist eine zwangsläufig politische Frage, bei der normative Positionen und weitergehende Vorstellungen über die Gesellschaft im Allgemeinen eine große Rolle spielen. Die Auseinandersetzung über die Gentrifizierung ist deshalb seit den 1970iger Jahren auch als eine teilweise ideologische zu verstehen. Die Erforschung der Gentrifizierung hat sich seitdem als ein „intellektuelles Schlachtfeld" (Hamnett 1991, S. 175) herausgestellt, bei dem wesentliche Einsichten der bisherigen Stadtforschung infrage gestellt worden sind. Die Beschäftigung mit dem Thema Gentrifizierung wurde zu einem Kernthema von allen Disziplinen, die sich auf die eine oder andere Weise mit der Stadt beschäftigten. Immer wieder kursiert die Angabe in verschiedenen Veröffentlichungen, dass es inzwischen über tausend Publikationen und akademische Paper über Gentrifizierungsprozesse gibt, sodass schon Mitte der 1980iger Jahre der amerikanischen Stadtforscher Robert Beauregard vom „Chaos der Gentrifizierung" (1986) redete und am Erkenntnisgewinn des Begriffs zweifelte.

Mehr als dreißig Jahre später kann man konstatieren, dass die Gentrifizierungsforschung trotz ihrer Vielstimmig- und Vielseitigkeit dennoch an bestimmten Forschungsfragen orientiert geblieben ist, denen aber je nach politischer und theoretischer Position der Forschenden unterschiedliches Gewicht gegeben wird. Folgende vier Fragen blieben grundlegend:

- Welche übergeordneten gesellschaftlichen Prozesse kommen durch die Gentrifizierung zum Ausdruck?
- Ist Gentrifizierung ein Überbegriff für die Erforschung sozialer Ungleichheiten oder ein spezifisch analytischer Begriff?
- In welcher Weise lassen sich Gesetzmäßigkeiten oder allgemeine Aussagen über den Prozess der Gentrifizierung formulieren?
- Welches politisches Verständnis von der Stadt (und der Stadtforschung) liegt der Gentrifizierung zugrunde?

Auch wenn eine Periodisierung der Gentrifizierungsforschung nicht unproblematisch ist, so kann folgende Einteilung doch das beklagte Chaos etwas lichten:

1. Frühe Gentrifizierungsforschung: Die Studien von Glass und weiteren in den 1970iger Jahren wurden weitgehend nur lokal oder im nationalen Kontext wahrgenommen. Weitergehende theoretische Revisionen bisheriger Konzepte der Stadtforschung waren nicht nachhaltig.
2. Die New Yorker Studien der 1980iger Jahre: Die in jener Zeit durchgeführten Arbeiten stellten wesentlich die bis dahin dominierende Sicht der Chicago School und ihr Modell der humanökologischen Stadtsoziologie infrage und etablierten eine kritische, neo-marxistische oder auch als „New Urban Sociology" titulierte Sichtweise.
3. Globale Gentrifizierungsforschung: Ab den 1990iger Jahren wurde Gentrifizierung weltweit, und auch in Deutschland, ein wichtiges Forschungsthema. Hierbei spielen bis heute die amerikanischen Untersuchungen eine zentrale Rolle, an denen sich lokale Studien zumeist orientieren.
4. Neuere Gentrifizierungsforschung: Ab den 2000er Jahren haben Erfahrungen aus internationalen Studien das thematische und theoretische Tableau der Gentrifizierungsforschung erheblich aufgespannt und die Frage nach dem grundsätzlichen Erkenntnisgewinn erneut aufgebracht.

Check for updates

2 New York als Ausgangspunkt

Wer heute das stylishe Manhattan besucht und durch die adretten Straßen der Lower East Side spaziert, wird sich kaum vorstellen können, dass sich an gleicher Stelle die Atmosphäre in den 1980iger Jahre noch ganz anders anfühlte. Vier Jahrzehnte Gentrifizierung haben ganze Arbeit geleistet. Ähnliche Prozesse haben in vielen amerikanischen Großstädten seit den 1970iger Jahren stattgefunden und wurden zunächst nur als eine Rückkehr der Mittelschicht betrachtet, die zuvor in die suburbanen Wohngebiete abgewandert war. Der Stadtplanungsprofessor Philipp Clay (1979) versuchte seine Beobachtungen aus Boston, Philadelphia, Washington und San Francisco zu systematisieren (s. Abb. 2.1). Für ihn stellte sich noch die Frage, ob es sich hierbei wirklich um einen städtischen Wandel durch Zuzug oder nur um den sozialen Aufstieg der ansässigen Bewohnerschaft (incumbent upgrading) handelt. Mit einem vierphasigen Schema wollte er darstellen, in welchem Stadium sich die jeweilige Nachbarschaft befindet. Dabei hat er Begriffe eingeführt, die bis heute das Gentrifizierungsverständnis prägen. Hierzu gehört der „Pionier", der wenige finanzielle Mittel besitzt, aber bereit ist, für die Aufwertung eines verhältnismäßig günstigen Wohnraums ein Risiko einzugehen und viel Zeit und Arbeit zu investieren. Dies unterscheidet ihn von den „Gentrifiern", die Zugang zu Bankkrediten haben oder eigenes Kapital einbringen. Mit dem Zuzug dieser sozialen Gruppe sind Vertreibungen der alten Einwohnerschaft verbunden. Das Modell von Clay suggeriert eine gewisse Automatik, nach der sich der Prozess der Gentrifizierung auf einen gewissen Endpunkt hin bewegt. Es erlaubt eine enggeführte Identifizierung von Akteur/innen, denen bestimmte Rollen im Prozess zugesprochen werden können. Dem folgend haben auf Clay aufbauend weitere Forschungen die Gruppe der Pioniere und Gentrifier beispielsweise anhand von Einkommensunterschiede weiter zu beschreiben versucht.

© Springer Fachmedien Wiesbaden GmbH, ein Teil von Springer Nature 2018
F. Eckardt, *Gentrifizierung*, essentials,
https://doi.org/10.1007/978-3-658-21714-3_2

Erste Phase: Pioniere übernehmen leerstehende oder nicht-vermietbare Häuser. Meistens wird dies von der Öffentlichkeit nicht wahrgenommen, und beschränken sich die baulichen Aufwertungen auf kleine Teile einer Nachbarschaft.
Zweite Phase: Mehr Pioniere kommen und es werden die ersten aufgewerteten Häuser weiterverkauft. Der Leerstand nimmt ab, erste Wegzüge sind zu beobachten. Die Nachbarschaft verändert ihre Identität, manchmal auch den Namen oder die imaginierten Grenzen des Stadtteils. Die Renovierungen weiten sich von Block zu Block aus.
Dritte Phase: Die Nachbarschaft wird medial stark wahrgenommen und Immobilienfirmen kaufen sich Wohnungen, Häuser und Grundstücke. Die Preise eskalieren schnell. Gentrifier kommen und organisieren sich vor Ort. Vertreibungen nehmen zu. Sicherheit wird zu einem wichtigen Thema. Es kommt zu Konflikten zwischen Alteingesessenen und Gentrifiern.
Vierte Phase: Eine große Anzahl von Immobilien ist gentrifiziert. Es kommen mehr Business-Mittelklasse-Bewohner/innen. Gentrifier bestimmen den politischen Diskurs über die Nachbarschaft und fordern weitere private (statt öffentlicher) Investitionen. Immobilien werden zu Spekulationsobjekten. Auch Wohnungseigentümer werden vertrieben.

Abb. 2.1 Das Vierphasen-Modell von Clay. (1979, verkürzte Darstellung)

Obwohl diese und später folgende, ähnliche Modelle nicht nur wegen ihres unterstellten Automatismus und der simplifizierten Konstituierung sozialer Gruppen kritisiert wurden, sind sie wegen ihrer Anschaulichkeit in der Öffentlichkeit sehr beliebt. Problematisch ist daran, dass diese Schemen vor allem nur beschreibend sind und keine Erklärungen für den Prozess der Gentrifizierung bieten. Grob eingeteilt gibt es in der Forschungsliteratur zwei theoretische Ansätze, um das Entstehen der Gentrifizierung zu erklären. Einmal handelt es sich um Studien, die sich der sogenannte political economy-Forschung anschließen. Diese betrachtet die ökonomischen und politischen Prozesse der Gesellschaft für das Phänomen der Gentrifizierung als maßgeblich. Zum anderen gibt es Studien, die diese Prozesse auf dem Hintergrund eines „cultural turn" in der Stadtsoziologie erkunden, wonach Gentrifizierung im Kontext kultureller Veränderungen zu erklären ist.

New York war und ist der Ausgangpunkt für beide Theorie-Entwicklungen. Während Neil Smith dort für einen political economy-Ansatz in der Gentrifizierungsdebatte Grundlagen geschaffen hat, darf die Soziologin Sharon Zukin als wichtigste Vertreterin einer cultural turn-Gentrifizierungsforschung gelten. Mit ihrem Buch „Naked City" (2010) hat sie die Vorgänge vor ihrer Haustür in den letzten vier Jahrzehnten hautnah miterlebt hat und versucht, den Wandel der Stadt anhand von fünf Nachbarschaften zu analysieren. So beschreibt Zukin, wie sich durch die Änderung der ökonomischen Nutzung der Stadt deren gesamtes Gefüge von Wohnen, Arbeiten, Kultur, Dienstleistungen, Städtebild, Nachbarschaftsleben und öffentlicher Raum änderte. Dies drückte sich darin aus, dass ehemalige Warenlager,

Arbeitsstätten und Büros umgebaut wurden, um eine Form des kombinierten Wohnen und Arbeiten, das sogenannte „Loft living" (Zukin 1982) zu ermöglichen, was besonders für kreative und kulturelle Berufe interessant ist. Zukin erkannte schon früh, dass die Gentrifizierung ein komplexer Prozess ist, bei dem Kultur und Kapital zusammenspielen. Erst später wurde aber die Rolle von „Kultur" in der Gentrifizierungsforschung stärker auch konzeptionell beachtet. Zunächst waren die Studien zur Gentrifizierung in New York in den 1970iger und 1980iger Jahre vor allem um ein Verständnis der ökonomischen Aspekte des einsetzenden Verdrängungsprozess bemüht.

Durch die massive Ersetzung von Hafenarbeit durch Containerisierung und weiteren Prozessen der De-Industrialisierung war New York zu jener Zeit in eine wirtschaftliche Krise geraten, die zwischenzeitlich auch deren Zahlungsfähigkeit ernsthaft gefährdete. Vielen öffentlichen Belange konnte nicht mehr nachgegangen werden. Der soziale Abstieg durch die doppelte Krise von verarmenden und arbeitslosen Bewohner/innen und einer überforderten Stadt führte dazu, dass paradoxerweise Einwohner/innen nach Möglichkeit wegzogen und gleichzeitig Kapital einströmte, dass sich die günstigen Immobilien aneignete. Wie der amerikanische Geograf Neil Smith im Jahr 1979 zugespitzt formulierte, setzte in New York – im Gegensatz zum Beispiel zu London aus der Studie von Ruth Glass – die Gentrifizierung durch „capital, not people" ein. Damit bewirkte Smith eine Perspektivverschiebung in der Erforschung der Gentrifizierung, die als grundlegend bezeichnet werden darf und die weitgehende Implikationen für die Stadtforschung insgesamt hatte. Seine neue Sichtweise betonte die Einbettung der Gentrifizierung in eine weitergehende wirtschaftliche und wirtschaftspolitische Analyse.

Smith (1996) betrachtet die Gentrifizierung als eine neue Grenze, an der Profite in der urbanen Wildnis gemacht werden können. Diese Grenze ergibt sich durch die zyklischen Bewegungen des Kapitals und seinen Auf- und Entwertungen. Allerdings betont Smith, dass diese Grenze zwischen den Interessen der Arbeiterklasse und ihrer Nachbarschaft und der Verwertungslogik des Kapitals keine „natürliche" und in diesem Sinne nicht nur eine ökonomische, sondern in erster Linie eine politische ist. Diese Grenze ist keine imaginäre, sondern sie spiegelt sich im Stadtraum wider. Wo die Seite der Profitrate siegt, verschiebt sie sich weiter in Richtung der Wohnräume der niedrigen Einkommen. Somit handelt es sich bei der Gentrifizierung nicht um einen punktuellen Prozess, der einzelne Gebäude durch deren Renovierung aufwertet, sondern solche Investments folgen der Logik der Eroberung, weswegen Smith das als eine Art Landnahme beschreibt, so wie es in der amerikanischen Geschichte der große Treck nach dem Westen gewesen ist. Politisch ist diese Eroberung der Stadt als eine Revanche zu verstehen, die das Territorium wieder unter die Kontrolle der Reichen bringen und die das Sodom und Gomorrha der urbanen Liberalität beenden soll. Ideologisch wird dieser Revanchismus durch Euphemismen wie „Urban Renaissance“ und ähnlichen Terminologien verbrämt und die Kritik an den Verdrängungen delegitimiert.

Neil Smith widersprach mit seiner Gentrifizierungsforschung zunächst den bestehenden Vorstellungen über Landnutzung, die von einem Gleichgewicht zwischen Angebot und Nachfrage von Räumen ausging. Die Mainstream- oder neoklassische Theorie der Immobilienökonomie geht von einer prinzipiellen Souveränität der Konsumenten aus, wonach es eine gleichrangige Wahlmöglichkeit auf Seiten von Anbieter/innen und Käufer/innen bzw. Mieter/innen gibt. Aus dieser Theorie ergab sich für Smith noch keine Antwort darauf, warum einige Nachbarschaften gentrifiziert werden und andere nicht. Nur in der Gesamtschau der städtischen Entwicklung lässt sich für ihn darauf eine Antwort finden. Das Kapital sucht immer neue Orte und Nachbarschaften, um einen Profit zu erzielen und weiteres Kapital zu akkumulieren. Sobald das Profit-Maximum erreicht ist, ist es nicht mehr rentabel dort weiter zu investieren und springt es zur nächsten Nachbarschaft, in der weitere und bessere Profite zu machen sind. Dadurch wird die vormals gentrifizierte Nachbarschaft aber im Vergleich abgewertet, sodass sich Aufwertungen und Abwertungen permanent ablösen. Prozesse der Auf- und Abwertung unterliegen einem komplexen gesellschaftlichen Bewertungsprozess, in den viele ökonomische Aktivitäten einfließen, und die immer nur einen temporären Status von Wertschöpfung erreichen, bevor das Kapital von einem zum nächsten Ort ‚wippt‘ („see-saw“). Da die ökonomische Struktur der Wirtschaft auf einer Arbeitsteilung beruht, werden diese Bewertungsprozesse nicht von der sozialen Gruppe der Kapitaleigentümer allein vollzogen und durchgeführt, sondern unterliegen die Prozesse der Immobilienbewertung einem komplexen Zusammenspiel ökonomischer, politischer und kultureller Wahrnehmungen und Kommunikation.

Sobald ein Aufwertungsprozess in einer Nachbarschaft startet, haben alle an dem Prozess beteiligten Akteur/innen das Interesse, dass sich die Aufwertung bestmöglich gestaltet. Das Kapital, das sich dort niedergelassen hat, fürchtet Abwertungen in jeder denkbaren Form und investiert deshalb in soziale und räumliche Arrangements, die es weniger angreifbar macht. Für einige Jahre steigen die Immobilienpreise durch die Sicherstellung eines Zugewinns an Attraktivität und Sicherheit der Investition. Mit zunehmenden Alter wächst aber die Differenz zwischen der Investition („capitalized grund rent“) und einer potenziellen Profitrate, die andernorts erreicht werden könnte. Irgendwann stellt sich die Frage, ob sich notwendige Investitionen in die bisherige Nachbarschaft zur Aufrechterhaltung der bestehenden Land- und Gebäudewerte und der Infrastruktur im Vergleich zu Investitionen in Immobilien an anderen Standorten unterm Strich noch rechnen. Damit setzt eine Desinvestment-Dynamik ein, die erklären kann, warum schlechte und arme Stadtteile im Herzen von Innenstädten entstehen. Es ist erfolgsversprechender um in anderen Nachbarschaften zu investieren.

Der Unterschied zwischen realisierten und erwartbaren Profiten ist für Neil Smith die grundlegende Ursache von Gentrifizierung. Mit dieser, sogenannten Rent-Gap-Theorie hat er eine zentrale Annahme der Gentrifizierungsforschung formuliert: „Only when this gap emerges can gentrification be expected since if the present use succeeded in capitalizing all or most of the ground rent, little economic benefit could be derived from redevelopment.“ (1979, S. 545). Im Verlauf der Diskussion um diesen Erklärungsansatz wurden unterschiedliche Kritikpunkte deutlich. Der Begriff des Profits (rent) ist für viele Analytiker/innen zu unscharf und von daher schwierig empirisch umzusetzen. Außerdem geht die Rent-Gap-Theorie nur von der Notwendigkeit des Kapitals aus, weitere Profite zu erzielen und suggeriert damit, dass Gelegenheitsstrukturen für ökonomische Aktivitäten nachgelagert sind. Wenn man aber eine plurale Stadtökonomie als gegeben ansieht, dann sind auch unterschiedliche Akteur/innen und ihre Suche nach Räumen für verschiedene und konkurrierende Angebote zu berücksichtigen. Verbunden damit wurde von Beginn an dieser Theorie angekreidet, dass sie nicht hinreichend die Effekte der Nachbarschaft auf das Investieren von Kapitaleigentümer berücksichtigt und die Nachbarschaft potenziell die falsche räumliche Größenordnung ist, um Gentrifizierungen zu beobachten (Hammel 1999). Letzteres verteidigte Smith mit Vehemenz, weil es für ihn wichtig war, um die vorherrschende Sichtweise, es gehe ja nur um die Aufwertung eines Gebäudes, überwinden wollte. Dennoch stellte sich im Laufe der weiteren Forschung heraus, dass die als scale-Kontroverse geführte Auseinandersetzung eine Schwachstelle in der Gesamtkonzeption der Rent-Gap-Theorie darstellt, da sie die räumlich-sozialen Zusammenhänge nicht definieren kann, in denen die Frontlinien einer Nachbarschaft angeblich verlaufen. Nicht zuletzt diese Definitionsschwierigkeit führte dazu, dass die Rent-Gap-Theorie kaum empirisch in quantitative Studien umgesetzt und überprüft werden konnte.

Um den Paradigmenwechsel verstehen zu können, den Neil Smith in der Gentrifizierungs- und Stadtforschung insgesamt einleitete, muss man sich vergegenwärtigen, dass bis in die 1970iger Jahre die Stadtsoziologie weitgehend mit Fragen der Segregation okkupiert war (vgl. Albet und Benach 2018). Die Beschäftigung mit den Probleme des sozialen Ausschlusses von Minderheiten in der amerikanischen Stadt kann auf das lange Erbe der sogenannten Chicago School (Hennig 2012) zurückgeführt werden, die sich der Thematik mit einem

Verständnis der Stadt als Mosaik unterschiedlicher Lebenswelten widmete, wodurch der Wandel von Nachbarschaften im Kontext einer humanökologischen Sichtweise als Wachstum der Stadt von innen nach außen verstanden wurde. Mit Prozessen der Gentrifizierung, die eine umgekehrte Entwicklungsrichtung einnehmen (Menschen strömen nach innen) und die durch nicht-lokale Prozesse (auswärtiges Kapital) maßgeblich bestimmt wird, hatte diese Stadtsoziologie ihre offensichtlichen Schwierigkeiten. Der Erklärungsansatz von Smith bezieht sich von daher auf andere, bis dahin in der Stadtsoziologie eher umstrittene Sichtweisen über das allgemeine Funktionieren der Stadt, die sich als „New urban sociology" konstituierten und die Stadt als Ausdruck von Konflikten zwischen Kapital und Bürger/innen verstanden. Mit der Gentrifizierung waren die Vertreter/innen der „alte" Stadtsoziologie à la Chicago School deutlich überfordert. Dies wird an Janet Abu-Loghod, einer der letzten prominenten Forscherinnen, die noch in Chicago studiert hatte, augenscheinlich. Erst 1994 veröffentlichte sie ihre Studie zu den Kämpfen um die Lower East Side, wobei sie zwar eine intensive und aufschlussreiche Darstellung insbesondere der gewalttätigen Vertreibungen der Obdachlosen am Tompkins Square liefert, aber weitergehende Theoretisierungen über den Zusammenhang von Kapital und Stadt ausspart. Abu-Loghod hatte das Thema Gentrifizierung stadtethnografisch behandelt, wodurch sie sich auf die methodische Tradition der Chicago School zurückziehen konnte, sie aber andererseits ethnografisch unsichtbare Phänomene wie die De-Investierungen der Stadt nur aufzeigen, aber nicht erklären kann. Nur wenige Studien folgten diesem Ansatz und konnten vertiefend die Analyse der politischen und kulturellen Kräfte, die die Entwicklung dieser nachbarschaftlichen Gemeinschaft beeinflusst haben, untersuchen. Zu nennen ist vor allem die Arbeit von Christopher Mele (2000), der darstellt, dass seit dem späten 19. Jahrhundert Vorstellungen von der Lower East Side als Ort von tief verwurzelter Armut, ethnischer Pluralität, politischem Aktivismus und ‚niedriger' Kultur die Abwertung der Nachbarschaft lange vor der Gentrifizierung als normal erscheinen ließ. Gentrifizierung und Vertreibung sind demnach die Langzeitfolgen eines jahrzehntelangen Kampfs zwischen (Stadt-) Regierung und Anwohner/innen um bezahlbaren und anständigen Wohnraum, der sich wiederum mittels Gentrifizierung weiter auf die Immobilienpraktiken und die Stadtentwicklungspolitik auswirkt. Die von Abu-Loghod und Mele beschriebenen Widerstandstaktiken, die von Gemeindemitgliedern verwendet werden, agieren aber ebenfalls mit dem Bild der Nachbarschaft als einem gefährlichen, ‚romantischen' und unkonventionellen Ort und verewigen somit paradoxerweise die symbolische Abwertung der Nachbarschaft in der allgemeinen Wahrnehmung der Stadt. Ironischerweise wurde ebendieses Bild von einem kulturell hungrigen Markt als neues Futtermittel angenommen und hat es die Lower East Side noch attraktiver gemacht.

Sharon Zukin hat sich dieser Paradoxie im besonderen Maße gewidmet und versucht zu verstehen, was die kulturelle Triebfeder hinter der Anziehungskraft von Stadtteilen ist, die einen solchen Wandel ihres sozialen Charakters erfahren. Für Zukin ist die Suche nach dem Erleben und dem Wiederherstellen von Authentizität das entscheidende Motiv der kulturellen Gentrifizierung. Sie liegt in dem begründet, was die Leute immer schon als originär angesehen haben und zugleich in den neuen Anfängen, die sich an selber Stelle vollziehen. Authentische Orte werden immer von einer Spannung zwischen dem als zu bewahren Angesehenem und dem Neuen geprägt. Authentizität entsteht durch Ortsimaginationen, die durch individuelle Wahrnehmungen von Orten und damit verwobenen kulturellen Praktiken immer wieder bestätigt oder auch infrage gestellt werden können. Sie sind Teil einer Kultur des Konsumierens und der ökonomischen Verwertung eines Stadtteils und Authentizität wird dadurch zu einer Frage ökonomischer und politischer Macht (vgl. Eckardt 2013, 2015).

Mit Zukins Arbeiten hat sich eine Forschungsrichtung etabliert, die sich entsprechend ihrer Methodik als qualitative oder Mikro-Gentrifizierungsforschung bezeichnen lässt. Mit dieser lässt sich neben der Erforschung von Motivlagen und Ideologien von Gentrifiern vor allem auch die Rolle einzelner Institutionen wie Schulen, Unternehmen oder Stadtplanungsämter ins Visier nehmen. Die Frage, wer eigentlich Aktivitäten unternimmt, die dann zu Gentrifizierung und Vertreibung führen, wer also als „Gentrifier" zu bezeichnen ist, ist damit erheblich differenzierter und zugleich offener geworden. Auf diese Weise gelang es beispielsweise Cocktail-Bars als Produkt und Akteure von Gentrifizierung zugleich zu identifizieren (Ocejo 2014). Wichtiger noch erscheint die Reflektion der gängigen Kategorisierungen, mit denen die Gentrifier beschrieben werden (Schlichtman und Patch 2013). So wurde deutlich, dass nicht nur die weiße, sondern auch die schwarze Mittelschicht als Akteur der Gentrifizierung zu betrachten ist (Moore 2009). Auch die häufige Annahme etwa, dass Gentrifier kinderlos sind, konnte durch eine Untersuchung der Motive von alleinstehenden Mütter im Kontext lokaler Schulangebote relativiert werden (Posey-Maddox et al. 2014).

Gentrifizierung als globales Phänomen 3

Was kann man aus den Forschungen aus New York für die Stadtentwicklung andernorts lernen? Ausgehend von den Studien aus den 1980iger Jahren folgten weltweit Forschungen, die genau dieser Frage nachgingen. Die Anzahl der Studien, die sich in anderen Ländern und Kulturen mit einzelnen Städten und den dort eventuell aufzufindenden Gentrifizierungsprozessen beschäftigen, ist schier unüberschaubar und kann kaum zusammengefasst werden. Die Schwierigkeit einer systematischen Evaluation begründet sich allerdings nicht nur durch die Anzahl der Studien, sondern ist auch der verbleibenden unklaren Bedeutung des Begriffs der Gentrifizierung an sich, der sich schon im Unterschied zwischen englischen und amerikanischen Studien darstellte, verschuldet. Wenn man den Begriff der (englischen) Gentry wortwörtlich beibehalten will, dann wäre es kaum zu erwarten, dass eine Rückkehr von ‚gentilen' Landlords in ihre viktorianischen Häuser irgendwo anders als in London zu beobachten ist. Die Rückkehr der weißen Mittelklasse in den USA geschah nach Jahrzehnten des „white flight" in die Vorstadt, unter anderem um nicht mit Schwarzen in der Innenstadt zusammenzuleben. Auch ein solcher Kontext ist kaum in anderen Gesellschaften auffindbar. Die rassistische Dimension der amerikanischen Gentrifizierung schlichtweg auszublenden, wäre schon bei Neil Smith und seine Einordnung in die „revanchistische Stadt" äußerst problematisch, da er Politik und Ökonomie aufs engste verzahnt sieht.

Obwohl sich sowohl Glass als auch Smith der Kontextualität ihrer Fallstudien bewusst waren und diese herausarbeiteten, erhob zumindest Neil Smith auch den Anspruch, dass er generell ein allgemeines Prinzip der neuen Stadtentwicklung entdeckt habe. Er sprach von einer „generalisierten Gentrifizierung" (Smith 2002). Gentrifizierung sei zu einer globalen Strategie des Klassenkonflikts geworden, weil das ‚Wippen' des Kapitals in allen Städten weltweit stattfinde und auf diese Art und Weise einen neuen Urbanismus hervorbringe, der sprachlich

© Springer Fachmedien Wiesbaden GmbH, ein Teil von Springer Nature 2018
F. Eckardt, *Gentrifizierung*, essentials,
https://doi.org/10.1007/978-3-658-21714-3_3

als Renovation oder ‚regeneration' camoufliert werde. In Wahrheit handele es sich dabei immer um Gentrifizierung. Dieser Sichtweise entsprechend ist Gentrifizierung als eine Strategie der Profitmaximierung in den unterschiedlichen kulturellen Kontexten am Werk. Was in New York erkannt wurde, ist als allgemeines Prinzip andernorts nur anders benannt worden. Autoren wie Rowland Atkinson und Gary Bridge (2005) sehen Gentrifizierung als eine neue Form des Kolonialismus. Gentrifizierung „gone global" (S. 1). Damit wird suggeriert, dass sich eine Profitstrategie aus der ersten Welt in die Peripherien des Kapitalismus ausgedehnt hat, vom Norden in den Süden und vom Westen in den Osten der Welt.

Gegen diese Kolonialisierungsthese lassen sich verschiedene Einwände formulieren. Die unterstellte Zentrum-Peripherie-Hierarchie ist in einer multipolaren Welt nicht mehr so erklärungsstark wie dies im Zeitalter des historischen Kolonialismus der Fall war. Es stellt sich die Frage, ob diese These nicht seinerseits ein intellektueller Versuch ist, um mit der Begrifflichkeit der Gentrifizierung einen globalen Geltungsanspruch westlicher Stadtforschung zu behaupten, um Städte jenseits des eigenen Forschungskontextes ein Theoriekonzept aufzuzwingen, wird den nicht-amerikanischen Städten eine eigene Theoretisierung mit eigenem Vokabular abgesprochen. Gegen einen solchen Theorie-Imperialismus haben sich in der Stadtforschung unterschiedliche Positionen formuliert, die die Städte außerhalb der westlichen Sphäre in den Fokus rücken wollten. So hat Jennifer Robinson (2006) anhand von Johannesburg verdeutlicht, dass nach wie vor Diskurse über Moderne und Tradition als wirkungsmächtiger in der lokalen und akademischen Diskussion um Stadtentwicklung im globalen Süden zu berücksichtigen sind.

Zur Frage, inwieweit sich die Gentrifizierung global ausbreitet und die neue Logik der Stadtentwicklung darstellt, hat sich seitdem eine lebhafte Kontroverse entwickelt, die unter dem Slogan ‚Planetary Gentrification' zusammengefasst wird. In mehreren Sammelbänden wurden Studien zusammengetragen, die die These von der globalen Ausbreitung untermauern sollen. Die Kritik an diesem Diskurs hingegen ist weitgehend fragmentiert und beruht auf einzelnen Studien, die explizit dieser Gentrifizierungstheorie widersprechen, aber die nicht systematisch wahrgenommen werden. Der amerikanische Geograf D. Asher Ghertner (2015), der sich intensiv mit der Stadtentwicklung von Delhi beschäftigt, kann vielleicht als der schärfste Kritiker der ‚gone global'-Hypothese in der Gentrifizierungsforschung gelten. Seiner Auffassung nach, versagt die Gentrifizierungstheorie in „much of the world", um die Logik von Stadtentwicklung zu verstehen. Asher Ghertner bestreit nicht, dass das Kapital im globalen Maßstab Orte und Umwelten sucht, in denen gesteigerte Profitraten erzielt werden können und dass dies zu sozialen Verdrängungen führt. Diese kapitalistische Funktionslogik ist aber im Grunde so allgemein, dass sie nichts erklären kann. Wenn das der Kern der Gentrifizierung sein soll, dann werden entscheidende Veränderungen in der Stadtentwicklung nicht mehr erkennbar. Insbesondere kritisiert er, dass wichtigere Formen von Vertreibungen in den Städten sowie die Gewalt, die damit einhergeht, nicht thematisiert werden.

Mit dem Fokus auf Gentrifizierung gerät für Asher Ghertner außer Sicht, welche Logik den gewalttätigsten Vertreibungen in den Slums in Indien zugrunde liegt. Gentrifizierung macht es undenkbar, dass es andere Gründe für Vertreibungen gibt, die nicht mit der Marktlogik des Kapitals, sondern eher mit nationaler Gesetzgebung oder anderen Regulatorien zu tun haben. Er bezweifelt die Nützlichkeit des Gentrifizierungsansatzes insbesondere in Städten, in denen eine lang anhaltende Eigentümerschaft von Land in öffentlicher Hand oder Informalität vorherrscht. Deshalb sei die Erforschung von Gentrifizierung, die sich an einer dominanten Marktherrschaft mit dem Handel von Landeigentum orientiere, vor allem in den post-sozialistischen Ländern verfehlt. Das betrifft China, das post-sozialistische Europa und viele Länder Asiens und Afrikas, die eine solche Tradition des öffentlichen Landbesitz haben. Der Übergang von einer sozialistischen zu einer eigentumsorientierten Stadt ist der Hauptgrund für Vertreibungen in den letzten Jahrzehnten.

Da man dieser Beobachtung nicht widersprechen kann, stellt sich die Frage, wie sie zu interpretieren ist. Die Anhänger/innen der ‚Planetary Gentrification' (vor allem Lees et al. 2016) folgend ist die Überführung von Landeigentum in den globalen Markt Teil der globalen Gentrifizierung und sie behaupten, dies sei nur eine Form von Gentrifizerung. Von den Kritikern wird dem entgegengehalten, dass die Gentrifizierung somit zum catch all-Begriff wird, der alle Formen von globaler Profitschöpfung beinhaltet. Damit wird der Begriff analytisch aber unscharf und es lassen sich keine spezifische Formen der Ausbeutung und Profitproduktion in der Stadt ausfindig machen. Landbesitz ist in vielen Ländern nicht individualisiert und an Eigentum gebunden, wie dies im Westen der Fall ist. Der Begriff des Eigentums ist zudem uneindeutig und etwa über Familienbeziehungen in vielen Kulturen definiert, wodurch sich insgesamt vielfältige Formen von Eigentum ergeben, die sich nicht auf das Konzept des unternehmerischen Eigentums aus den westlichen Ländern reduzieren lassen. Es mag sein, dass diese Eigentumsdiversität im Verschwinden begriffen ist, eine solche Zukunft kann aber nicht schon als bereits jetzt gegeben angesehen werden. Insbesondere das Beispiel Indien zeigt, dass die Definition von Eigentum nicht nur den Verwertungslogiken des Marktes unterliegten, sondern auch nicht-ökonomische Faktoren eine wesentliche Rolle spielen (Searle 2014). Ähnliche Befunde kommen aus Forschungen zu Hanoi (Vip und Tran 2015) und China (Shin 2014). Kern der Kritik ist die Annahme, dass Eigentum noch nicht bereits als Handelsware für einen spekulativen internationalen Finanzmarkt transformiert wurde. Selbst die Veräußerung von öffentlichem Landeigentum bedeutet nicht, dass dieses in einer spekulativen Form von Eigentum privatisiert wird. In den meisten Fällen wird zum Beispiel Wohnraum in Slums in der Weise legalisiert, dass es in lokalen Netzwerken bleibt. Auch die Privatisierung des ehemaligen kollektiven Wohneigentums in den post-sozialistischen Ländern Europas ist in erster Linie als eine Übergabe an die Bewohner/innen verlaufen, wie eine Studie in 16 Städten Osteuropas zeigt (Eckardt 2005). In informellen Siedlungen und post-sozialistischen Wohnungskomplexen ist die Bedeutung von Eigentum durch ein komplexes System von Weitergabe und tradierten Ansprüchen teilweise nicht nachvollziehbar und in seiner Bedeutung für lokale Profitstrategien relativ. Worum es aber sehr wohl immer geht, ist die Etablierung von Autorität, die traditionelle politische Machtverhältnisse fortsetzt. Die Verquickung von Politik und globalisierter Wirtschaft ist eine Annahme, die sich in diesen Räumen nicht aufzeigen lässt und die an den eigentlichen Konflikten vorbeigeht. Informelle Räume sind deshalb Orte der Produktion und gesellschaftlichen Reproduktion von lokalen Machtverhältnissen. Aus diesem Grund ist auch die Grundthese, dass bauliche oder infrastrukturelle Aufwertungen eine Vertreibung der ärmeren Bewohner/innen zufolge habe, falsch, da dies auch zu einer Stärkung der Vernetzung der Armen mit den Eliten führen kann. Diese Eliten beziehen ihre Macht nicht ausschließlich, und in vielen Fällen nicht primär, aus ihrer Position als sozialer Klasse.

Insbesondere mit Bezug auf Südamerika liegt eine systematische Auswertung der Gentrifizierungsforschung vor, die erhebliche Unterschiede in der theoretischen Grundlegung zwischen den englisch- und spanischsprachigen Studien aufzeigt (Janoschka et al. 2014). Zunächst lässt sich als Gemeinsamkeit festhalten, dass in allen Studien aufgezeigt wird, wie aggressiver Kapitalismus und neoliberale Politik durch die Gentrifizierung das Konzept der revanchistischen Stadt realisieren. In dieser Hinsicht bestätigt der Vergleich mit den lateinamerikanischen Studien die Annahme, dass in dem Zusammenspiel globaler Profit-Strategien und sie ermöglichenden Politiken soziale Vertreibungen produziert werden. Dem steht allerdings gegenüber, dass in allen untersuchten Städten Lateinamerikas in erster Linie die ärmere Bevölkerung von städtebaulichen Aufwertungen und der Wiedergewinnung öffentlicher Räume profitiert. Gentrifizierung gewinnt als Grenzziehung eine Bedeutung an vielen Orten, in der es nicht in erster Linie um das Wohnen in einer aufgewerteten Nachbarschaft geht, sondern um die symbolische Zugänglichkeit und der Ausgrenzung von unerwünschten sozialen Gruppen und Personen. Die größte Sorge lateinamerikanischer Gentrifizierungsforscher/innen ist deshalb die Kommerzialisierung und Kontrolle öffentlicher Räume. Weitergehend lässt sich die enge Verzahnung von Kapitalismus mit Neoliberalismus in Lateinamerika hinterfragen. Viele Regierungen haben im letzten Jahrzehnt eine Reform-Politik vertreten, die sich nicht an Vorgaben eines marktfreundlichen Staates orientiert haben, sondern die explizit an sozialen Bedürfnissen der Bevölkerung anschloss. Das hat dazu geführt, dass auch der Widerstand gegen Vertreibungen auf andere Formen politischen Protests zurückgegriffen hat, die im Vergleich zu den Studien von Mele und Abu-Lughod aufzeigen, dass der Anti-Gentrifizierungsprotest ebenfalls differiert. Hausbesetzungen in Spanien oder Südamerika begründen sich aus einer anderen politischen Kultur, während mit Occupy Wall Street eine typisch amerikanische Protestform aufgegriffen wurde. Unterschiedliche Protestformen signalisieren in diesem Fall, dass politische Traditionen nicht durch einheitliche globale politische Kulturen ersetzt wurden und somit die Vielfalt nicht nur von unterschiedlichen Formen der Gentrifizierung, sondern auch von Anti-Gentrifizierungsprotesten augenscheinlich wird.

4 Neuere Gentrifizierungsforschung

Auch nach dreißig Jahren sind die theoretischen Gräben in der Gentrifizierungsforschung, wie sie in New York mit den Arbeiten vor allem von Neil Smith und Sharon Zukin begründet wurde, nicht überwunden worden (Brown-Saracino 2017). Man kann vielmehr feststellen, dass sich die Unterschiede weiter akzentuiert haben. Das betrifft die Unterschiedlichkeit der Methoden und auch der Themen, die jeweils aufgegriffen werden. Für die ethnografische und qualitative Forschung liegen nun Studien aus vielen anderen Städten in den USA vor, die einen vertieften Einblick in das Wirken unterschiedlicher sozialer Gruppen ermöglichen, die bisher keine Aufmerksamkeit gefunden haben. Intensive Feldforschung im South End Bostons hat beispielsweise die Rolle von Denkmalschutz und Hundehaltung im Prozess der Umdeutung einer Nachbarschaft für die Lebensstilpräferenzen von Gentrifiern verdeutlichen können (Tissot 2015). Der Nachdruck in dieser neuen (amerikanischen) Forschung liegt in der Fokussierung auf die Situation verschiedener Gruppen, die durch die Gentrifizierung vertrieben werden, wobei vor allem die früheren Pioniere und Bohemiens Aufmerksamkeit erhalten (Deener 2012). Dabei wird ersichtlich, dass sich dieser Vertreibungsprozess über das Umdeuten von Normen des Umgangs in einem Stadtteil und durch eine Übernahme von vorhandenen Institutionen wie Kirchen, Nachbarschaftsvereinen oder Elterninitiativen vollzieht. Diese Institutionen können auch einfach irrelevant werden. Die physisch-bauliche Aufwertung einer Nachbarschaft ist von daher immer im Kontext einer politischen und kulturellen Umwertung bestehender Arrangements der Aushandlung von Interessen zu sehen. In diesem Zusammenhang ist die Rolle der Medien und Kommunikation insgesamt als zunehmend wichtig erkannt worden. Der Einfluss der Medien beginnt mit der Identifikation eines gentrifzierten Stadtteils und den dort angewandten Strategien der Selbst-Beschreibung einer Nachbarschaft (Barton 2016). Dabei gibt es durchaus unterschiedliche, konkurrierende Narrative über einen Stadtteil,

© Springer Fachmedien Wiesbaden GmbH, ein Teil von Springer Nature 2018

F. Eckardt, *Gentrifizierung*, essentials,
https://doi.org/10.1007/978-3-658-21714-3_4

wie etwa in Neu-Köln der Diskurs über „Soziale Mischung“ mit dem der „Gentrifizierung“ in Konkurrenz steht und die unterschiedliche Perspektiven auf den Stadtteil und das als notwendig implizierte politische Handeln hervorrufen (Huning und Schuster 2015). Die Hinwendung zu den Narrativen der Stadt erlaubt eine weitergehende diskurslinguistische Analyse der Gentrifizierung. Dies ist mit Bezug auf Proteste gegen die Gentrifizierung in Berlin-Kreuzberg von Ingo Warnke (2013) durchgeführt worden. Dabei zeigt sich, dass durch die Analyse von Diskursereignissen, wie dem Protest gegen den gentrifizierenden Einfluss der Berlinale, Hinweise auf transtextuelle Strukturen von Diskursen möglich sind, die wiederum Aufschluss über den Zustand der Urbanität einer Stadt erlauben. Für eine solche soziolinguistische Gentrifizierungsforschung ist allerdings sowohl ein anspruchsvolleres Verständnis von Diskursen nötig, das nicht nur die mediale Diskursivität durch quantitative Datengenerierung vorsieht, sondern auch intersektionale Analysen unterschiedlicher Diskurse einschließt. Die Erforschung der Urbanität als Referenz- und Performanzraum ermöglicht eine solche Verknüpfung von (linguistischer) Textanalyse. Die Analyse von Dimensionen, Aktionen und Repräsentationen des urbanen Raums ermöglicht es zu erkennen, wie in Gentrifizierungsprotesten Strategien der Maskierung, Selbstautorisierung und die Aufhebung von Gegensätzen von politischer Aktion und Kunst vollzogen werden.

Während qualitative Studien oftmals den Eindruck erwecken, dass sich die Gentrifizerung immer weiter ausbreitet und auch unaufhaltsam ist, haben quantitative Studien der letzten drei Jahrzehnte eher hervorgehoben, dass sich diese Annahmen in dieser Form nicht bestätigen lassen. Damit stehen quantitative und qualitative Studien in der Gentrifizierungsforschung dennoch nicht unbedingt im Widerspruch zueinander. Vielmehr zeigen sich durch die Diskussion der jeweils angewandten Methoden deren Grenzen und auch implizite Vorannahmen der jeweiligen Herangehensweise. Prinzipiell kann man sagen, dass die quantitative Methodik wesentlich begrenzter ist, um nach eigenen Vorstellungen Daten zu genieren. Zumeist ist sie auf die Analyse von vorhandenen statistischen Angaben angewiesen, die aber mit einer anderen Intention produziert wurden. Vom Ergebnis her begründen die vorliegenden quantitativen Studien Zweifel an verschiedenen, in vielen qualitativen Forschungen gehegten Vorstellungen. Infrage gestellt wird vor allem die Annahme der sich endemisch ausbreitenden Gentrifizierung. Wenn es zu einem Austausch der Bevölkerung (Reiche ersetzen Arme) kommen würde – eine Grundannahme der Gentrifizierungsforschung seit Beginn an –, dann müsste dies statistisch in einer abnehmenden Konzentration von Armen in Stadtteilen erkennbar werden, in denen Gentrifizierung stattfindet. Anhand des amerikanischen Datenmaterials ist dies aber nicht ersichtlich (Solari 2012). Demnach zeichnet sich ein Bild von der Gesamtentwicklung der Stadt ab, wonach die armen Stadtteile arm bleiben oder noch ärmer werden und die reicheren Nachbarschaften ebenfalls reich bleiben oder noch reicher werden. Dabei ist in diesen Reichengegenden die Gentrifizierung durchaus relevant, aber sie springt nicht auf die anliegenden armen Stadtteile über. Sie ‚wippt' also nicht zum nächsten, mehr Profit versprechenden Stadtteil über. Damit verringert sich die Bedeutung von Gentrifizierungsprozessen und kehrt die zunehmende Segregation in den Fokus der Stadtforschung als wichtigstes Thema zurück. Die seit Jahrzehnten wachsende Distanz zwischen armen und reichen Stadtteilen scheint sich wenig über die Gentrifizierung erklären zu lassen (Landis 2016). Damit verbunden kann bezweifelt werden, ob Städte insgesamt tatsächlich durch eine permanente Dynamik von Investierungen und Aufwertungen gekennzeichnet werden. Vielmehr zeichnen sich ein kontinuierlicher sozialer Abstieg von Städten und eine soziale Polarisierung ab. Aus den vorhandenen Daten ergibt sich das Bild einer schwindenden Mittelklasse in den amerikanischen Städten. Nach Bischoff und Reardon (2013) lebten 1970 noch 65 % aller Familien in einer Mittelschicht-Nachbarschaft, während dies vierzig Jahre später (2009) nur noch auf 42 % zutrifft. Zugleich verdoppelte sich die Anzahl der Familien, die in reicheren (von 7 auf 15 %) oder ärmeren Nachbarschaften (von 8 auf 18 %) lebt. Während also im Jahr 1970 nur 15 % aller Familien in einer armen oder reichen Nachbarschaft lebte, trifft dies vier Jahrzehnte später auf jede dritte Familie zu.

Der Begriff Gentrifizierung scheint von daher eher Inseln des Aufstiegs in einem Meer von Verarmung (Berry 1982) zu beschreiben als eine sich ausbreitende bauliche Renovierung, die das Meer der Armut immer weiter zurückdrängt. Vielmehr scheinen sich Gebiete mit konzentrierter Armut und konzentriertem Reichtum gleichsam zu vergrößern (Ding et al. 2016), wobei die Nachbarschaften mit einer überdurchschnittlich großen Anzahl von Armen am meisten wachsen. Die neueren amerikanischen Studien weisen darüber hinaus darauf hin, dass sich die Gentrifizierung durchaus regional im Ausmaß, in ihrer Signifikanz und im Prozess erheblich unterscheidet. Während in den letzten zwanzig Jahren über die Hälfte aller Nachbarschaften in Portland, Oregon Anzeichen von Gentrifizierung aufwiesen, konnte dies für viele andere Städte in den USA nur auf ca. 5–10 % statistisch nachgewiesen werden, sodass insgesamt gesagt werden kann, dass Gentrifizierung nur für eine Minderheit von Städten ein wichtiger Aspekt der Stadtentwicklung zu sein scheint (Hwang 2015). Ungeachtet der wahrgenommenen Abnahme der Mittelklasse legen die quantitativen Studien jedoch nicht nah, dass dieser Trend unaufhaltsam weitergeht und sich somit der oftmals angenommene Automatismus der sich konstant weiterentwickelnden Gentrifizierung bestätigen lässt. Nach wie vor gibt es stabile Mittelschichten-Nachbarschaften und scheinen sich auch viele reiche und arme Nachbarschaften seit den 2000er Jahren stabilisiert zu haben (Owens 2012). Betont wird auch, dass es wesentlich mehr Hinweise auf soziale Aufwertungen als auf durch Gentrifizierung verursachte Vertreibungen gibt. Einige Nachbarschaften erweisen sich zudem als erstaunlich ‚ungentrifizierbar'.

Insgesamt weist die quantitative Gentrifizierungsforschung darauf hin, dass es sich bei diesen Prozessen um relativ begrenzte Vorgänge handelt. Gentrifizierung tritt vor allem dort auf, wo eine geografische Nähe zum Stadtzentrum, zu öffentlichem Nahverkehr und kulturellen Angebote besteht (Hwang und Sampson 2014). Auch die Möglichkeit einer baulichen Aufwertung sowie das Angebot an Häusern für Ein-Familien-Haushalte scheinen wichtig zu sein. Für die USA besonders bedeutsam ist, dass Gentrifizierung in schwarzen oder Einwandererstadtteilen wesentlich seltener ist. Die Annahme des rassistischen Untertons der Gentrifizierung, der in qualitativen Studien zu hören ist, demnach weiße Gentrifier arme Schwarze verdrängen, kann in der quantitativen Forschung nicht nachgewiesen werden (McKinnish et al. 2010). Ethnische Diversität hingegen kann Gentrifizierungsprozesse durchaus befördern.

Die Unterschiede zwischen der quantitativen und qualitativen Gentrifizierungsforschung bedeuten nicht, dass deren Aussagen jeweils falsch oder wahr sind. Sie weisen vielmehr daraufhin, dass zwischen der Vogelflug-Perspektive, die mit statistischen Analysen große städtischer Räume betrachtet, und der Froschperspektive qualitativer Studien, also zwischen lokalen mikro-soziologischen Prozessen und dem makro-gesellschaftlichen Wandel, ein konzeptionelles Spannungsverhältnis besteht, das nicht einseitig aufgelöst werden kann, sondern durch Problemzentrierung fruchtbar gemacht werden muss. In der amerikanischen Debatte werden die Probleme der sozialen Polarisierung, der zunehmenden Armut und dem Verschwinden der Mittelschicht als verbindende Fragestellungen aufgegriffen. Das sind sicherlich bei ähnlichen gesellschaftlichen Sozialstrukturen wichtige Problematisierungen in der westlichen Welt. Für Regionen mit einer aufstrebenden Mittelschicht wie in China oder Brasilien könnte sich dies anders darstellen. Die amerikanische Thematisierung des Rassismus als gemeinsame Problemstellung quantitativer und qualitativer Gentrifizierungsforschung ist ebenfalls nicht einfach auf andere Gesellschaften zu übertragen, wo diese Fragen eher im Kontext ethnischer Segregation erforscht werden.

In den letzten Jahren zeichnen sich weitere übergeordnete Problemstellungen ab, die die Verbindung zwischen lokaler Gentrifizierung und gesellschaftlichen Wandel betreffen. Insbesondere die Frage nach sich (nicht) ändernden Gender-Beziehungen, die durch die Gentrifizierung bestätigt werden, kann eine solche übergeordnete Fragestellung darstellen. Während frühe Studien zeigten, in welcher Weise auch Frauen als Gentrifier auftreten (Alisch 1993), hat sich der Fokus in jüngeren Studien darauf verlegt, Gentrifizierung im Zusammenhang von patriarchalen und heteronormativen Strukturen der Gesellschaft zu betrachten (Curran 2018). Mit Bezug auf die Geschlechterstrukturen von gentrifizierten Stadtteilen war man in den ersten Studien davon ausgegangen, dass ein großer Anteil der Gentrifier aus jungen und alleinstehenden Frauen, zumeist akademisch ausgebildet und als Teil einer Partnerschaft in Form von ‚Double Income No Kids' (DINKS) mit verspäteter Eheschließung und später Kindergeburt anzusehen sind. Demgegenüber haben jüngere Studien gezeigt, dass diese Partnerschaften keineswegs von einem neuen Gender-Rollenmodell geprägt werden. Die soziale Reproduktion obliegt nach wie vor zumeist den Frauen und schließt die Sorge für den Haushalt und die Kinder ein. Es ist richtig, dass es eine Feminisierung der öffentlichen Räume in gentrifizierten Städten gibt, damit sich Frauen dort sicherer fühlen. Sharon Zukin (1995) hat das einst „domestication by cappuccino" genannt. Das Schaffen von Sicherheit ist aber heute vor allem in den Händen von Sicherheitsfirmen und der Polizei, einschließlich der Video-Überwachung. Dadurch empfinden Frauen solche Orte aber wiederum eher als bedrohlich, insbesondere wenn es um sichtbar ‚andere' Frauen wie Schwarze oder Migranten geht (Atkinson 2003). Die Gentrifizierung als eine Möglichkeit der Geschlechtergleichheit zu betrachten ist letztlich falsch, weil zwar Frauen beruflich bessergestellte Jobs erhalten können, aber wegen dem Phänomen der ‚gläsernen Decke' nicht im gleichen Maße wie Männer aufsteigen können. Ähnlich kritisch ist die Annahme zu sehen, in gentrifizierten Stadtteilen herrsche eine größte Toleranz gegenüber Menschen mit nicht-heteronormativer Sexualität (LGBT). Vielmehr ist zu beobachten, dass queere Räume, die eine Diversität von unterschiedlichen Lebensstilen erlauben, einer eher rigiden und verbürgerlichten Normalität durch die Gentrifizierung gewichen sind (Ghaziani 2014).

Eine andere Einbettung der Gentrifizierungsforschung in eine übergeordnete gesellschaftliche Analyse ist in Studien zu finden, die sich mit der sogenannten grünen Gentrifizierung beschäftigen Da Diskurse der Nachhaltigkeit und der Adaption an den Klimawandel zu wichtigen Konzepten in der Stadtentwicklung geworden sind und da viele Pioniere und Gentrifier ein ökologisches Bewusstsein haben, stellt sich die Frage nach Zusammenhängen zwischen der Gentrifizierung und deren Auswirkungen auf die soziale Zugänglichkeit von zunehmend knapper werdenden natürlichen Gütern wie sauberes Wasser und Luft, Nahrungsmittel und Energieversorgung. Umgekehrt wirkt das Anbieten solcher natürlichen Ressourcen auf den Prozess der Gentrifizierung, sodass Gentrifier davon angezogen werden und sozial benachteiligte Gruppen wie Einwanderer noch größere Schwierigkeiten bekommen, um zu diesen Gütern Zugang zu erhalten. Dieser wechselseitige Prozess von Gentrifizierung und Verknappung natürlicher

Lebensgrundlagen ist eindrucksvoll in „The slums of Aspen: immigrants vs. the environment in America's Eden" von Lsa Sin-Hee Park und David Pellow (2011) beschrieben worden. In Metropolen sind solche Dynamiken bislang schwieriger nachzuzeichnen. Für Brooklyn (Gould und Lewis 2017) kann aber auch gezeigt werden, dass mit der Einforderung der environmental justice Möglichkeiten eines Protests gegen die Gentrifizierung formulierbar werden.

Nach wie vor bleibt schließlich der Anschluss der Gentrifizierungsforschung an eine kultursoziologische Analyse aktuell. Von Beginn an haben Forscher/innen die Bedeutung der symbolischen Dimension von Gentrifizierungsprozessen erkannt und vor allem den Zuzug von Pionieren und Gentrifiern als einen kulturell kommunizierten Prozess von Bedeutungsproduktion und symbolischem Kapital, etwa als Distinktionsgewinn, thematisiert. In den letzten Jahren ist auch der Städte-Tourismus als Teil der gleichzeitigen Auf- und Abwertung von Stadtteilen mit aufgegriffen worden (Pinkster und Boterman 2017; Gravari-Barbas und Guinand 2017). Kultur und Kunst werden heute aber nicht mehr nur als Vehikel oder Entrée für die Gentrifizierung betrachten, sondern die kulturelle Revitalisierung der Nachbarschaft wird nicht länger als zwangsläufig gentrifizierend angesehen (Gainza 2017; Grodach et al. 2016).

5 Gentrifizierung in Deutschland

Den Startschuss für die Gentrifizierungsforschung in Deutschland gab Jens Dangschat mit seiner Promotionsschrift über Gentrifizierung in Hamburg. Dangschat (1988) entwickelt dort den sogenannten „doppelten Invasions-Sukzessions-Zyklus", der eine Pionier-, Invasions-, Sukzessions- und Sättigungsphase beschreibt. Mit der Vorgabe einer schematischen Entwicklung von Gentrifizierung wird einerseits ein analytisches Tool vorgegeben, dass es ermöglicht, um den jeweiligen Stand der Gentrifizierung eines Stadtteils zu ermessen, andererseits wird die Gentrifizierung aus der Gesamtperspektive der stadtsoziologischen Betrachtung herausgenommen und der Blick auf Segregationsprozesse nachgeordnet. Die Orientierung an einem Phasenmodell ist bis heute die vorherrschende Analyseform von Gentrifizierung in Deutschland geblieben, die in den maßgeblichen Forschungen verwandt wird. So wird das Phasenmodell zwar weiterentwickelt, ohne aber deren linear-deterministische Perspektive zu hinterfragen. Es wird weiterhin als „irreversibel" (Blasius et al. 2016, S. 545) bezeichnet und könnten angeblich alle darin formulierten Hypothesen bestätigt werden.

Die Forschung konzentrierte sich von Beginn auf wenige Städte, wobei Berlin sicherlich am deutlichsten heraussticht. Auf der Ebene von Abschlussarbeiten von Studierenden lassen sich allerdings fast zu allen Städten Studien finden (Üblacker 2015). Forschungen im engeren Sinne wurden bis in die 2000er Jahren in wesentlich weniger Städte durchgeführt und dort auch nur in bestimmten Stadtteilen: Berlin (Neu-Kölln, Kreuzberg, Prenzlauer Berg, Friedrichshain, Schönefeld), Hamburg (Elsmbüttel, Ottensen, St. Georg, Schanzenviertel), München (Schwabing, Glockenbachviertel, Haithausen, Untergiesingen) Köln (Südstadt, Belgisches Viertel, Agnesviertel, Ehrenfeld, Nippes, Deutz, Mühlheim) Frankfurt (Ostend, Nordend, Westend, Bockenheim, Bornheim, Sachsenhausen) und Düsseldorf (Oberblik, Pemplefort, Flingern) (Lojevski 2013).

© Springer Fachmedien Wiesbaden GmbH, ein Teil von Springer Nature 2018

F. Eckardt, *Gentrifizierung*, essentials,
https://doi.org/10.1007/978-3-658-21714-3_5

Bis in die 2000er Jahren kann man die deutsche Gentrifizierungsforschung zudem beschränkt auf die Operationalisierung der Begriffe der Pioniere und Gentrifier anhand von Einkommen betrachten. Diese Besonderheit im internationalen Vergleich hat dazu geführt, dass die Gentrifizierungsforschung mit zwei Sammelbänden (Blasius und Dangschat 1990; Friedrichs und Kecskes 1996) relativ zum Stillstand kam und erst 10–15 Jahre später wieder aufgegriffen wurde. Die reduktionistische Operationalisierung hat nicht dazu geführt, dass sich ein kumulativer Wissensprozess ergeben hat, der der als inzwischen „klassisch" (Diller 2014, S. 36) für die deutsche Forschung bezeichneten Definition der Gentrifizierung von Friedrichs (1996) folgte. Die mangelnde Reflektion, ob ein auf solche sozialstatistischen Daten beruhende Definition und ein als Phasen-Schemata vorgezeichneter Prozess der Gentrifizierung als Forschungsparadigma offen und explorativ auch überraschende Erkenntnisse über städtische Verdrängungsprozesse erlaubt, führt dazu, dass die Anfangsphase der Gentrifizierungsforschung nach wie vor als „Höhepunkt" (Diller a. a. O.) verklärt wird. De facto geht die von Friedrichs durchgesetzte Definition, wonach Gentrifizierung vorliege, wenn ein „Austausch einer statusniedrigen Bevölkerung durch eine statushöhere in einem Wohngebiet" (Friedrichs 1996, S. 14) vorliege, am Kern der Gentrifizierung vorbei, in dem sie auf den Austausch von sozialen Gruppen in einem Stadtteil abzielt und somit den Prozess der Verdrängung nicht zentral in ihrem Konzept berücksichtigt. Der Begriff des Austausches impliziert nicht unbedingt, dass ein Auszug der Betroffenen stattfindet.

Selbst wenn man lediglich den Austausch von Statusgruppen untersuchen will, müsste man kleinräumiges Datenmaterial über die Wohnmobilität von Bewohner/innen haben. Dieses liegt aber schlichtweg nicht vor. Die Gentrifizierungsforschung manövriert sich deshalb mit dieser Definition in eine Sackgasse, aus der in den 2000er Jahren unterschiedliche Studien versucht haben, einen methodischen und konzeptionellen Ausweg zu finden. Dabei kann man auch von einer seitdem einsetzenden Pluralisierung der Ansätze sprechen, die auch eine verstärkte Anwendung von qualitativer Forschung bedeutet. Dennoch verbleiben phasenhafte und auf Quantifizierung konzipiertes Datenmaterial zielende Studien dominant, wie die prominenten Arbeiten von Andrej Holm (2006) demonstrieren. Diesem lagen zwar ebenfalls nicht die notwendigen Angaben über das kleinräumige Mobilitätsverhalten von Menschen in Berlin vor, dennoch schlussfolgerte er, dass sich die Gentrifizierung in Berlin seit der Wiedervereinigung in einer räumlichen Dynamik vollziehe, wonach die Karawane (dieses Bild benutzt Holm (2010)) im Uhrzeigersinn von Kreuzberg über Mitte, von dort zum Prenzlauer Berg und wieder zurück nach Neukölln ziehe. Als Daten für diese gewagte Behauptung zieht er indirekte Hinweise hinzu, die sich an der Veränderung der

Sozialstruktur (Anzahl von Arbeitslosen und Migranten) und den Mietspiegel orientieren. Sicherlich ist damit der von Holm deklarierte Gentrifizierungs*verdacht* begründbar. Es ist aber sicherlich zweifelhaft, ob von einem solchen Verdacht eine gesamtstädtische Dynamik von Vertreibung, wie sie Holm kartografisch veranschaulicht hat, rechtfertigt. Insbesondere die Gegen-Hypothese von dem „Incumbent Upgrading" (Clay 1979), wonach auch die (fehlende) soziale Mobilität der anwesenden Bewohner/innen zu einer Änderung der Sozialstruktur führen kann, müsste dem entgegengehalten werden.

Wie Thomas Dörfler (2010) anhand von Zeitzeugeninterviews aufzeigt, sind insbesondere für den Prenzlauer Berg als ein wesentliches Element für das Verstehen der Entwicklung einer Nachbarschaft die unterschiedlichen, milieuabhängigen Diskurse über Stadtentwicklung von Berlin entscheidend. Darüber hinaus wird in der Diskursanalyse deutlich, wie diese den Stadtteil als einen symbolischen Ort für die Diskussion von Stadtplanung in ganz Deutschland konstruieren. Jede/r scheint die Caffe-Latte-Fraktion des Prenzl' Bergs zu kennen. Die konnotative Verbindung von bestimmten Raumpraktiken (Edelkaffee-Trinken), ein räumlich-symbolischer Ort und der Gentrizierungsdiskurs, wie unterschiedliche Milieus den selben Stadtteil narrativ anders kommunizieren und andere Raumpraktiken vollziehen, gehören demnach eng zusammen. Die Milieu-Abhängigkeit von Gentrifizierungsdiskursen wird durch soziolinguistische Forschungen (Warnke 2013) noch stärker plausibel.

Bei Studien, die sich nach wie vor an Friedrichs orientieren, hat ebenfalls eine Verbreiterung der Forschungsgegenstände und eine Ausweitung des Phasenmodells stattgefunden. So hat Jan Glatter (2007) in seiner Dresden-Studie auch Industriebrachen mit in die Betrachtung einbezogen und spricht von einer ‚sanften' Gentrifizierung der Neustadt. In einer Untersuchung der Kölner Stadtteile Deutz und Mühlheim tragen Friedrichs und Blasius (2016) unterschiedliche Teilstudien zusammen. Dabei legen sie in Anschluss an Krajewski (2006) vier ‚Dimensionen' der Gentrifizierung fest: Die soziale Dimension wird anhand des Wandels des Sozialstatus, ethnischer Zugehörigkeit, Alter und Haushaltsstrukturen definiert. Die bauliche Dimension greift Veränderungen in der Baustruktur wie etwa Sanierungen, Bodenpreisen und Mieten und der Umwandlung von Miet- in Eigentumswohnungen auf. Die funktionale Dimension der Gentrifizierung besteht in der Veränderung der Infrastruktur, etwa durch Ansiedlung von Galerien. Schließlich wird als symbolische Dimension die Image-Veränderungen des Gebiets, Berichte in den Medien und andere Aktivtäten, die die Attraktivität erhöhen, gefasst. Friedrichs und Blasius haben somit ihre Forschung vor allem um die symbolische Gentrifizierung erweitert. Kern der Kölner Forschung bleibt ein Wohnungspanel mit vier Wellen und einer Laufzeit von fünf Jahren. Damit ist insgesamt für die Gentrifizierungsforschung in Deutschland der einmalige Fall gegeben, dass eine systematische Beobachtung von Nachbarschaftsentwicklung über einen langen Zeitraum ermöglicht wurde. Hinzu kamen Teilstudien mit einem qualitativen Set von Methoden (Befragung der Fortgezogenen, Fotografien von Gebäuden, in denen die Befragten wohnten und Experteninterviews mit Immobilienunternehmen). Als zentrales Ergebnis des Panels kann festgehalten werden, dass die Grundannahme des Phasenmodells, wonach erst die Pioniere und dann die Gentrifier einziehen, nicht bestätigt werden konnte. Vermutet wird, dass viele Pioniere durch besseres Einkommen zu Gentrifizier geworden sind. Verdrängungen wurden in den untersuchten Stadtteilen nicht sichtbar. Das hat wahrscheinlich damit zu tun, dass die Gentrifier noch genügend Raum in anderen Stadtteilen finden können und die Mietschutzgesetze Kündigungen von Alteingesessenen erheblich erschweren. Aus Interviews mit Pionieren wurde zudem deutlich, dass die Situation in Deutz und Mühlheim unterschiedlich ist. Deutz wird als fortgeschritten gentrifiziert geschildert, weil dort Pioniere in WGs wohnen und die Mietpreise erheblich gestiegen sind, während in Mühlheim sich durch die Ankunft von Touristen und die Ansiedlung neuer Restaurants eine Gentrifizierung in der Sichtweise der Pioniere ankündigt. Eine ähnliche Einschätzung zum Stand der Gentrifizierung erhält man auch, wenn man sich die Fluktuation von Betrieben („Indikatorbetriebe") anschaut, die darauf hinweist, dass sich in Deutz beim Benutzter- und Betreiberwechsel eine funktionale Aufwertung vollzieht. Aufgrund einer Inhaltsanalyse der Kölner Printmedien kann jedoch für Deutz kein Image-Wandel konstatiert werden, während für Mühlheim eher ein ambivalentes Bild gezeichnet wurde.

Obwohl die Kölner Studien durchaus davon ausgehen, dass es zu Verdrängungen aufgrund von Gentrifizierung kommt, haben sie hierfür nur indirekte Hinweise vorzubringen und da es ihnen in erster Linie um die Erklärung der Gentrifizierung mit Bezug auf den Zusammenhang der verschiedenen Dimensionen geht, bleibt das Thema städtische Verdrängung eher randständig. Ilse Helbrecht hingegen widmet sich mit ihren Berlin-Studien in einem Sammelband (2016) diesem Thema explizit, weil sie dies als Mangel der Gentrifizierungsforschung empfindet. Zudem wählt sie einen anderen theoretischen Zugang als die Kölner Forscher/innen. Für sie ist die indirekte Verursachung von Vertreibung Folge des fehlenden staatlichen Handelns (statemade-rental-gap). Methodisch wird in Anlehnung an Atkinson (2000) ein zweistufiges Modell eingeführt, wonach zunächst gentrifizierungsindizierte Wohngebiete identifiziert werden sollen. Hierbei wird wie bei der Studie von Holm (2000) auf indirekte Indikatoren zurückgegriffen. Jedoch werden neben den von Holm verwandten Sozialstrukturdaten auch Mobilitätsindikatoren (Zu-/Abzug) und ein wohnungswirtschaftlicher Index verwandt. Die Ergebnisse der Indizes werden dazu verwendet, um sie in das Vier-Phasenmodell einzuordnen. Anschließend wird eine Migrationsanalyse angeschlossen, mit der der Frage nach den Zielorten der Weggezogenen nachgegangen werden soll. Letztlich fehlen aber wiederum die kleinräumigen Daten, um über die Qualität der Umzüge eine Aussage zu treffen. Auffallend sind teilweise Befunde, die doch an einer allzu wilden Vertreibung zweifeln lassen, wenn etwa festgestellt wird, dass die Hälfte aller Umzüge in Kreuzberg in einem Radius von zwei Kilometern stattfinden. Daniel Förste und Matthias Bernt (2016) entwickeln anhand einer Kontextualisierung von Wanderungsdaten des Prenzlauer Bergs ein vierphasiges Vertreibungsmodell: 1) „Verbleiben im Gebiet" (bis 1998): Die Möglichkeit, um nach der Wiedervereinigung in andere Stadtteile ziehen zu können, scheint die Abwanderung mehr als die steigenden Mietpreise zu erklären. 2) „Wanderung an den Rand": Vor allem die Sozialwohnungen am Stadtrand können die Vertriebenen auffangen und konzentrieren auf diese Weise ärmere Bewohnergruppen. 3) „Bugwelle vor der Sanierung": Verdrängte ziehen in benachbarte Wohngegenden (Wedding, Friedrichshain-Kreuzberg, Weißensee) mit etwa ähnlichen Mietpreisen. 4) „Pionierthese": Künstler/innen, Kulturschaffende und Studierende ziehen ab.

Mit den von Helbrecht herausgegebenen Studien hat sich die Erforschung der Gentrifizierung, ebenfalls wie bei den Köln-Forschungen von Blasius und Friedrichs, dem internationalen Trend der Diversifizierung der Ansätze und Methoden angeschlossen. So werden nun auch Gentrifizierungsproteste, das Leben an ungewöhnlichen Orte, Prostitution und Polizei (Künkel 2017) oder die Rolle von sozialen Organisationen (Wienand 2016) im Kontext von Gentrifizierung untersucht, die in den Phasenmodellen bislang keine Rolle spielten. Hervorzuheben ist das von Andrej Holm seit 2011 initiierte Projekt „GentriMap" (Holm und Schulz 2016), mit dem einerseits nach wie vor mit statistischen Indikatoren Gentrifizierungshypothesen begründet werden, mit dem aber andererseits durch ein kommunikatives Setting mit 22 Teilnehmer/innen aus der Wissenschaft und dem öffentlichen Leben begründete Beobachtungen in die Gentrifizierungsforschung integriert werden sollen.

Die Diversifizierung der deutschen Gentrifizierung hat bereits erstaunliche Erkenntnisgewinne erzielt bzw. ermöglicht es, Fragestellungen nachzugehen, die noch nicht systematisch aufgearbeitet worden sind, die aber in ihrer Vielzahl weitergehende konzeptionelle Fragen nicht nur über das Verständnis von Gentrifizierung begründen, sondern auch über den Zusammenhang von sozialer Ungleichheit, Armut, Segregation und Diskriminierung mit Bezug auf die gesellschaftliche Organisation von Raum wieder ins Zentrum der Stadtforschung stellen (vgl. Brown-Saracino 2016). Die neueren Gentrifizierungsforschungen haben deshalb das Potenzial, stadttheoretische Vorstellungen über den Zusammenhang von Gesellschaft und Stadt zu innovieren.

6 Hilflos? Was man gegen Gentrifizierung tun kann

In Zeiten steigender Mieten, zunehmender Wohnungslosigkeit und wachsender sozialer Ungleichheiten kann eine stadtsoziologische Forschung zu Fragen der Gentrifizierung nicht ohne politische Deutung öffentlich wahrgenommen werden. Seit den 2000er Jahren kann man sehen, dass die Gentrifizierungsforschung von dieser öffentlichen Aufmerksamkeit profitieren konnte und teilweise wurden auch Forscher/innen durch die sozialen Auswirkungen von Gentrifizierung motiviert. Damit erledigen sich allerdings nicht die in den vorangegangen Kapitel aufgezeigten theoretischen und methodischen Schwierigkeiten der Forschung, vielmehr verweisen die neueren Studien stärker auf die politische Dimension von Gentrifizierung. Andrea Mösgen und Sebastian Schipper (2017) zeigen mit Bezug auf die Gentrifizierung im Frankfurter Ostend und anhand von umfangreichen Dokumentenanalysen auf, dass lokale Akteur/innen seit den 1980iger Jahren mit unterschiedlichen Methoden und Instrumenten die Aufwertung des ehemaligen Arbeiterviertels und damit schleichend die Veränderung der dortigen Sozialstruktur betrieben haben. In seiner anschließenden Analyse betrachtet Schipper (2013) dies als einen Beweis für eine generelle politische Hinwendung zu einer unternehmerischen oder neo-liberalen Stadt.

Betrachtet man die Gentrifizierung lediglich als ein Symptom einer weitergehenden Veränderung der Architektur von Gesellschaft, Stadt und Politik, dann sind auch radikalere Ansätze notwendig, um die Probleme der Verdrängung und Gentrifizierung zu lösen. Peter Moskowitz (2017) versucht am Ende seines Buches über die Gentrifizierung von New Orleans, Detroit, San Francisco und New York für seinen kleinen Neffen eine „ungentrifizierte" Zukunft zu beschreiben und was man dafür tun muss:

© Springer Fachmedien Wiesbaden GmbH, ein Teil von Springer Nature 2018
F. Eckardt, *Gentrifizierung*, essentials,
https://doi.org/10.1007/978-3-658-21714-3_6

1. Das Land der öffentlichen Hand muss vermehrt, beschützt und zugänglich gemacht werden.
2. Die Bürger/innen müssen ein Entscheidungsrecht über die Prozesse in der Stadt erhalten.
3. Der Wohnungsmarkt muss strikt reguliert werden. Mietpreiserhöhungen müssen verhindert und Immobilienspekulationen versteuert werden.
4. Ein neuer „New Deal": Es müssen neue Programme für den sozialen Wohnungsbau aufgelegt werden.
5. Verdichtung der Städte (Neue Zoning-Vorschriften) und Investitionen in öffentliche Infrastruktur, vor allem ÖPNV
6. Steuererhöhungen, Lohnerhöhungen, Erhöhung von Sozialleitungen für Arme.

Die Vorschläge Moskowitz' denken Gentrifizierung, die allgemeine Stadtentwicklung und die zunehmende Verarmung der Gesellschaft zusammen. Er ist sich bewusst, dass die geforderten Maßnahmen nicht in Dosen verabreicht werden kann. Doch wenn sie helfen sollen, dann ist eine solche umfassende Programmatik notwendig: „I believe we are in one of those fundamental periods right now, on the percipe of something larger. It's time to start building." (S. 218).

Mit Bezug auf Deutschland könnte man sagen, dass die Diskussion sich hier in der Tat verfranzt hat und unterschiedliche Instrumente und Ideen isoliert diskutiert, angewandt und evaluiert werden. Weitergehende Vorschläge, die etwa Moskowitz' erste Forderung berücksichtigen, werden im Kontext der Debatte um die Wiederbelebung der Idee der Allmende oder der sogenannten Commons geführt (Bojadzijev 2016). Bislang gibt es aber kein einheitliches Konzept in Deutschland, dass sich als Strategie gegen Gentrifizierung verstehen lässt. Man könnte einwenden, dass im Bereich des Städtebaus und der Stadtplanung durchaus schon Instrumente vorhanden sind und angewendet werden, die gegen die Gentrifizierung wirken sollen, obwohl sie als solche nicht tituliert worden sind. Anzuführen wäre etwa das Bund-Länder-Programm Soziale Stadt, mit dem Bürger/innen in die Lage versetzt werden, an Entscheidungen über die Stadt teilzunehmen und somit sich theoretisch auch gegen ihre Vertreibung wehren könnten. Ein solches „Empowerment" (Howell 2016) findet aber im Rahmen der vorhandenen Partizipationsmöglichkeiten de facto nicht statt und die Evaluation zeigt seit Jahren beständig, dass insbesondere die von der Gentrifizierung am meisten betroffenen Gruppen nicht erreicht werden. In der Zwischenevaluation des Programms wird hervorgehoben, dass die bauliche Aufwertung von benachteiligten Stadtteilen im Vordergrund steht und die Bürgerbeteiligung wird als lediglich „flankierend" beschrieben (BBSR 2017, S. 14). In Anbetracht der großen Bedeutung von baulichen Aufwertungen für die Gentrifizierung kann eine solche Programmhaltung eher noch bedenklich stimmen. Eine Reflektion darüber, ob bauliche Aufwertungen durch die Programme der Städtebauförderung zu Gentrifizierung führen, erscheint dringend notwendig.

Auf der kommunalen Ebene scheint Gentrifizierung inzwischen zu einem wichtigen wohnungspolitischen Thema geworden zu sein. In einer Studie des Deutschen Instituts für Urbanistik (Franke et al. 2017) wurde dies in Interviews und Workshops mit lokalen Akteur/innen in Berlin, Dortmund, Freiburg, Köln, Leipzig, München und Wien deutlich. In den untersuchten acht Städten fehlten auch hier kleinräumige Daten, die die Gentrifizierung nachvollziehbar werden lassen würde, weswegen ein Monitoring notwendig sei. Ergebnis der Vergleichsstudie ist es, dass eine hohe Pfadabhängigkeit der Gentrifizierung angenommen wird, sodass die jeweilige lokale Situation maßgeblich auch für deren Folgen ist. Im Grundsatz wird davon ausgegangen, dass mit den vorhandenen Rechtsinstrumenten Einfluss auf die Gentrifizierung genommen werden und deren Einsatz „Zeichen setzen" (S. 303) kann, wodurch Zeit gewonnen und „Entwicklungsspitzen" (a. a. O.) gekappt würden. Neubauprojekte können im begrenzten Maße Druck vom Wohnungsmarkt nehmen, auch wenn das eine symbolische Gentrifizierung nicht verhindert. Kommunikation wird „neben" Planung als eine wichtige Aufgabe gesehen. Für den kommunalen Umgang mit Gentrifizierung empfiehlt die Studie Instrumente wie die (Soziale) Ersatzungshaltung, das Umwandelungs- und Zweckentfremdungsverbot zu prüfen und miteinander zu kombinieren. Pro-aktiv sollte die Stadt aber auch Angebote bündeln, mit denen konkrete Projekte für den Erhalt der sozialen Mischung beraten und gefördert werden können. Ein Zugehen auf die Zivilgesellschaft erscheint mehr als geboten. Die Studie sieht darüber hinausgehend Handlungsbedarf für die übergeordnete Rahmenbedingungen:

- Erlass eines Wohnungsbaumaßnahmengesetz
- Neuregelung der Modernisierungsumlage, insbesondere der energetischen Sanierung (EnEV)
- Einführung eines flächendeckenden Umwandlungsverbots
- Einführung eines flächendeckenden Vorkaufsrecht der Kommunen
- Steuerliche Änderungen, vor allem die Besteuerung von spekulativen Immobilienverkäufen
- Beschränkung der Bodenpreisentwicklung
- Flexibilisierung des Baurechts, damit Bauflächen aktiviert werden können
- Möglichkeiten des geförderten Grunderwerbs, Förderung nicht-investitiver Maßnahme in der Städtebauförderung

Gefordert wird eine veränderte, gemeinwohlorientierte Bodenpolitik. Dabei soll es der Stadt erlaubt sein, vorausschauend eine Bodenvorratspolitik zu betreiben. Damit würde ein Paradigmenwechsel in der Liegenschaftspolitik eingeleitet werden, die im Moment hauptsächlich mit dem Ziel der Privatisierung von Land betrieben wird. Es wird darauf verwiesen, dass durch die §§ 45 ff. und dem § 25 BauGB im Prinzip bereits Möglichkeiten eines Vorkaufsrechts bestehen, das aber bislang kaum genutzt wird. Die Einhaltung des Baugebots (§ 176 Abs 1 BauGB) könnte ebenfalls dazu beitragen, dass Immobilien der Spekulation entzogen werden. Angewandt wird eine „sozialgerechte Bodennutzung" seit 2006 in dem sogenannten „Münchener Modell", mit dem der Verkauf von Land an Selbstnutzern bevorzugt wird. Die bayrische Landeshauptstadt hatte sich schon 1989 zu einem Erhalt der „Münchener Mischung" verpflichtet und sich das Ziel gesteckt, langfristige Bindungen und Förderung der Genossenschaften durch verstärkte Konzeptausschreibung zu erreichen (vgl. Riemann 2016). Insbesondere Genossenschaften sollen unterstützt werden. Der Münchener Ansatz richtet sich an Haushalte mit mittleren Einkommen, die seit mindestens drei Jahren ortsansässig sind. Sie werden gezwungen, den erworbenen Boden 20 Jahre lang nicht weiter zu verkaufen.

Erfahrungen mit dem der vorhandenen Erhaltungssatzung nach §§ 172 ff. BauGB, wonach ein Stadtteil als besonders erhaltenswert gilt, wenn überdurchschnittliche Aufwertungs- und Verdrängungsprozesse und städtebaulich nachteilige Konsequenzen zu erwarten sind, zielen an sich nicht auf einen Schutz vor Mieterhöhungen. Praktische Erfahrungen mit dieser auch als „Milieuschutzsatzung" bezeichneten Maßnahme liegen vor allem im München (20) und Hamburg (8) vor. Prinzipiell werden damit der Rückbau und Veränderungen der bestehenden baulichen Substanz untersagt. Ausgenommen sind Instandsetzungen und solche Veränderungen, die dem ‚zeitgemäßen Ausstattungszustand' entsprechen. Auch Nutzungsänderungen und Veränderungen der Eigentumsstrukturen sollten nicht erfolgen. Die Verordnung kann seit 1998 nur für eine Höchstdauer von fünf Jahren festgesetzt, allerdings auch immer wieder verlängert werden. Die Kommune hat das Vorkaufsrecht. Alternativ können die neuen Eigentümer/innen auch Auflagen zum Erhalt des lokalen sozialen Milieus erfüllen müssen. Die Hamburger Erfahrungen zeigen, dass die Satzung früh genug erlassen werden muss, damit kaum revidierbare bauliche Restrukturierungen urbaner Quartiere überhaupt dem Erhaltungsziel gemäß reguliert werden können. Anne Vogelpohl folgert aus ihrer Evaluation der Satzung für Hamburg: „Sie müsste in vielen Quartieren angewandt werden, um nachhaltig den sozialen Wandel beeinflussen zu können, der auf steigende Mieten zurückzuführen ist." (2013, S. 14).

Schließlich hat seit dem Jahr 2016 mit der sogenannten Mietbremse – korrekt: „Gesetz zur Dämpfung des Mietanstiegs auf angespannten Wohnungsmärkten und zur Stärkung des Bestsellerprinzips bei der Wohnungsvermittlung“ (Mietrechtsnovellierungsgesetz, MietNovG) – auch die Bundespolitik auf die städtischen Verdrängungsprozesse reagiert. Mit den Änderungen der Paragrafen 555d, 556, 558, 559 und 577a BGB sind Regelungen getroffen worden, die Vorgaben für Eigenbedarfskündigung des Vermieters und die zu duldenden Modernisierungen beschreiben und die Modernisierungskosten auf max. 11 % begrenzen. Mieterhöhungen in Bestandsmieten dürfen nur noch bis zur ortsüblichen Miete vorgenommen werden, wobei die Kappungsgrenze von Mieterhöhungen von max. 20 % in drei Jahren eingeführt wurde. Bei Neuvermietung gilt zudem eine maximal zehn-prozentige Mieterhöhung. Ob diese gesetzlichen Maßnahmen viel bewirken werden, um die Gentrifizierung in den Städten zu beeinflussen und Verdrängungen entgegen zu wirken, wird bezweifelt (Hillier 2015). Im Sinne der Forschungen zu Gentrifizierungen erscheint eine Beschränkung auf eine baurechtliche Strategie als isolierte politische Antwort auf die Verdrängung der armen Bevölkerung aus ihren Stadtteilen nicht auszureichen.

Was Sie aus diesem *essential* mitnehmen können

- Gentrifizierung lässt sich als ein vielschichtiges Phänomen aktueller Stadtentwicklung verstehen, in dessen Kern es um die Frage nach der Verdrängung von ärmeren Bewohner/innen geht.
- Erkenntnisreich kann Gentrifizierung mit einer anspruchsvollen Methodik erforscht werden, die sich quantitativer und qualitativer Daten bedient.
- Gentrifizierung kann in unterschiedlichen Formen und mit verschiedenen Akteur/innen verlaufen.
- Wie relevant und in welcher Weise Gentrifizierung stattfindet, hängt von dem jeweiligen gesellschaftlichen, kulturellen und politischen Kontext ab.
- Soziale Ungleichheiten und Segregationsprozesse sind nicht mit der Gentrifizierung gleichzusetzen. Vertreibungen durch Gentrifizierungen sind nur eine mögliche Ursache.
- Nur ein umfassendes politisches Programm rechtlicher, sozialstaatlicher, lokaler und symbolischer Maßnahmen kann der Gentrifizierung und städtischen Vertreibungen entgegenwirken.

© Springer Fachmedien Wiesbaden GmbH, ein Teil von Springer Nature 2018
F. Eckardt, *Gentrifizierung*, essentials,
https://doi.org/10.1007/978-3-658-21714-3

Literatur

Abu-Lughod, J. L. (1994). *From urban village to east village: The battle for New York's lower east side*. Oxford: Blackwell.

Albet, A., & Benach, N. (Hrsg.). (2018). *Gentrification as a global strategy: Neil Smith and beyond*. London: Routledge.

Alisch, M. (1993). *Frauen und Gentrification: Der Einfluß von Frauen auf die Konkurrenz um den innerstädtischen Wohnraum*. Wiesbaden: Deutscher Universitätsverlag.

Atkinson, R. (2003). Domestication by cappuccino or a revenge on urban space? Control and empowerment in the management of public spaces. *Urban Studies, 40*(9), 1829–1843.

Atkinson, R., & Bridge, G. (Hrsg.). (2005). *Gentrification in a global context: The new urban colonialism*. London: Routledge.

Barton, M. (2016). An exploration of the importance of the strategy used to identify gentrification. *Urban Studies, 53*(1), 92–111.

Beauregard, R. (1986). The chaos and complexity of gentrificaton. In N. Smith & P. Williams (Hrsg.), *Gentrification of the city* (S. 35–55). Boston: Allen & Unwin.

Berry, B. J. L. (1985). Islands of renewal in seas of decay. In P. E. Peterson (Hrsg.), *The new urban reality* (S. 69–96). Washington: Brookings Institute.

Bischoff, K., & Reardon, S. F. (2013). Residential segregation by income, 1970–2009. In J. Logan (Hrsg.), *Diversity and disparities: America enters a new century* (S. 208–234). New York: Russell Sage.

Blasius, J., & Dangschat, J. S. (Hrsg.). (1990). *Gentrification – Die Aufwertung innenstadtnaher Wohnviertel*. Frankfurt: Campus.

Blasius, J., Friedrichs, J., & Rühl, H. (2016). Gentrifikation in zwei Wohngebieten von Köln. *Kölner Zeitschrift für Soziologie und Sozialpsychologie, 68*(3), 541–559.

Bojadzijev, M. (2016). Doing commons: Gentrifizierung oder das Ringen um das Gemeinsame im städtischen Raum. *Österreichische Zeitschrift für Volkskunde, 119*(3+4), 273–294.

Brown-Saracino, J. (2016). An agenda for the next decade of gentrification scholarship. *City & community, 15*(3), 220–225.

Brown-Saracino, J. (2017). Explicating divided approaches to gentrification and growing income inequality. *Annual review of sociology, 43*,515–539.

Bundesinstitut für Bau-, Stadt- und Raumforschung/BBSR. (2017). *Zwischenevaluierung des Städtebauförderungsprogramms Soziale Stadt*. Bonn: BBSR.

© Springer Fachmedien Wiesbaden GmbH, ein Teil von Springer Nature 2018
F. Eckardt, *Gentrifizierung*, essentials,
https://doi.org/10.1007/978-3-658-21714-3

Clay, P. L. (1979). *Neighborhood renewal: Middle-class resettlement and incumbent upgrading in Amer. neighborhoods*. Lexington: Heath.

Curran, W. (2018). *Gender and gentrification*. London: Routledge.

Dangschat, J. (1988). Gentrification: Der Wandel innenstadtnaher Wohnviertel. *Kölner Zeitschrift für Soziologie und Sozialpsychologie, Sonderheft, 29,* 272–292.

Deener, A. (2012). *Venice: A contested Bohemia in Los Angeles*. Chicago: University Chicago Press.

Diller, C. (2014). Zu Stand und Entwicklung der Gentrification-Forschung in Deutschland. In Ders (Hrsg.), *Gentrification in Berlin: Gesamtstädtische Betrachtungen – Fallstudien – Steuerungsmöglichkeiten* (S. 9–43). Aachen: Shaker.

Ding, L., Hwang, J., & Divringi, E. (2016). Gentrification and residential mobility in Philadelphia. *Regional science & urban economics, 36,* 38–51.

Eckardt, F. (Hrsg.). (2005). *Paths of urban transformation*. Frankfurt: Peter Lang.

Eckardt, F. (2013). Die Emotionalisierung der Stadt. In K. Harm & J. Aderholt (Hrsg.), *Die subjektive Seite der Stadt* (S. 37–58). Wiesbaden: Springer VS.

Eckardt, F. (2015). Interkulturalität in der „authentischen Stadt": Chicago, New Orleans und New York als Beispiele einer neuen Urbanität. In M. Wenzel (Hrsg.), *Schauplatz Großstadt* (S. 149–160). München: Fink.

Förste, D., & Bernt, M. (2016). Black Box Verdrängung: Bleiben im Kiez oder Wegzug an den Rand?: Kleinräumliche Wanderungen im Zuge von Aufwertungsprozessen in Berlin-Prenzlauer Berg. In I. Helbrecht (Hrsg.), *Gentrifizierung in Berlin* (S. 45–67). Bielefeld: Transcript.

Franke, T., Pätzold, R., Reimann, B., Strauss, W.-C., & zur Nedden, M. (2017). *Kommunaler Umgang mit Gentrifizierung*. Berlin: Deutsches Institut für Urbanistik.

Friedrichs, J., & Blasius, J. (Hrsg.). (2016). *Gentrifizierung in Köln: Soziale, ökonomische, funktionale und symbolische Aufwertungen*. Opladen: Budrich.

Friedrichs, J., & Kecskes, R. (Hrsg.). (1996). *Gentrification – Theorie und Forschungsergebnisse*. Opladen: Leske+Budrich.

Gainza, X. (2017). Culture-led neighbourhood transformations beyond the revitalisation/gentrification dichotomy. *Urban studies, 54*(4), 953–970.

Ghaziani, A. (2014). *There goes the Gayborhood?* Princeton: Princeton University Press.

Ghertner, D. A. (2015). Why gentrification theory fails in 'much of the world'. *City, 19*(4), 552–563.

Glass, R. (1964). *London: Aspects of change*. London: Macgibbon & Kee.

Glatter, J. (2007). *Gentrification in Ostdeutschland: Untersucht am Beispiel der Dresdner Äußeren Neustadt*. Dresden: Technische Universität, Institut für Geographie.

Gould, K. A., & Lewis, T. L. (2017). *Green gentrification: Urban sustainability and the struggle for environmental justice*. London: Routledge.

Gravari-Barbas, M., & Guinand, S. (Hrsg.). (2017). *Tourism and gentrification in contemporary metropolises: International perspectives*. London: Routledge.

Grodach, C., Foster, N., & Murdoch, J. (2016). Gentrification, displacement and the arts: Untangling the relationship between arts industries and place change. *Urban Studies, 55*(4), 807–825.

Gurr, J. M. (2017). All those who know the term 'gentrification' are part of the problem. In M. Butler, P. Mecheril, & L. Brenningmeyer (Hrsg.), *Resistance: Subjects, representations, contexts* (S. 117–134). Bielefeld: Transcript.

Hammel, D. J. (1999). Re-establishing the rent gap: An alternative view of capitalised land rent. *Urban studies, 36*(8), 1283–1294.

Helbrecht, I. (Hrsg.). (2016). Gentrifizierung in Berlin: Verdrängungsprozesse und Bleibestrategien. Bielefeld: Transcript.

Hennig, E. (2012). Chicago School. In F. Eckardt (Hrsg.), *Handbuch Stadtsoziologie* (S. 95–124). Wiesbaden: Springer.

Hiller, N. (2015). Regionale Divergenz – Die Mietpreisbremse und die Gleichwertigkeit der Lebensverhältnisse. *Wirtschaftsdienst, 95*(11), 773–781.

Holm, A. (2006). *Die Restrukturierung des Raumes: Stadterneuerung der 90er Jahre in Ostberlin: Interessen und Machtverhältnisse*. Bielefeld: Transcript.

Holm, A. (2010). Die Karawane zieht weiter. Stationen der Aufwertung in der Berliner Innenstadt. In C. Bacik, C. Ilk, & M. Peschera (Hrsg.), *Intercity Istanbul-Berlin* (S. 89–101). Berlin: Dagyeli.

Holm, A., & Schulz, G. (2016). GentriMap: Ein Messmodell für Gentrifizierung und Verdrängung. In I. Helbrecht (Hrsg.), *Gentrifizierung in Berlin: Verdrängungsprozesse und Bleibestrategien* (S. 278–318). Bielefeld: Transcript.

Howell, K. L. (2016). Planning for empowerment: Upending the traditional approach to planning for affordable housing in the face of gentrification. *Planning Theory & Practice, 17*(2), 210–226.

Huning, S., & Schuster, N. (2015). 'Social Mixing' or 'Gentrification'? Contradictory Perspectives on Urban Change in the Berlin District of Neukölln. *International Journal of Urban and Regional Research, 39*(4), 738–755.

Hwang, J. (2015). Gentrification in changing cities: Immigration, new diversity, and racial inequality in neighborhood renewal. *The Annals of the American Academy of Political and Social Science, 660,* 319–340.

Hwang, J., & Sampson, R. (2014). Divergent pathways of gentrification: Racial inequality and the social order of renewal in Chicago neighborhoods. *American Sociological Review, 9*(4), 726–751.

Janoschka, M., Sequera, J., & Salinas, L. (2014). Gentrification in Spain and Latin America – A critical dialogue. *International Journal of Urban and Regional Research, 38*(4), 1234–1265.

Krajewski, C. (2006). *Urbane Transformationsprozesse in zentrumsnahen Stadtquartieren: Gentrifizierung und innere Differenzierung am Beispiel der Spandauer Vorstadt und der Rosenthaler Vorstadt in Berlin*. Münster: Institut für Geographie der Westfälischen Wilhelms-Universität.

Künkel, J. (2017). Gentrification and the flexibilisation of spatial control: Policing sex work in Germany. *Urban Studies, 54*(3), 730–746.

Landis, J. (2016). Tracking and explaining neighborhood socioeconomic change in U.S. metropolitan areas between 1990 and 2010. *Housing Policy Debate, 26*(1), 2–52.

Lees, L., Shin, H. B., & López-Morales, E. (2016). *Planetary gentrification*. Cambridge: Polity.

Lojewski, H. von (2013). Zum Verhältnis von sozialer Durchmischung, Segregation und Gentrifizierung. *Forum Wohnen und Stadtentwicklung, 5*(4), 175–180.

McKinnish, T., Walsh, R., & Kirk, W. T. (2010). Who gentrifies low-income neighborhoods? *Journal of Urban Economics, 67*(2), 180–193.

Mele, C. (2000). *Selling the lower east side: Culture, real estate, and resistance in New York city*. Minneapolis: University of Minnesota Press.

Mösgen, A., & Schipper, S. (2017). Gentrifizierungsprozesse im Frankfurter Ostend. Stadtpolitische Aufwertungsstrategien und Zuzug der Europäischen Zentralbank. *Raumforschung und Raumordnung, 75*(2), 125–141.

Moore, K. S. (2009). Gentrification in black face? The return of the black middle class to urban neighborhoods. *Urban Geography, 30*(2), 118–142.

Moskowitz, P. (2017). *How to kill a city: Gentrification, inequality, and the fight for the neighborhood*. New York: Nation Books.

Ocejo, R. (2014). *Upscaling downtown: From bowery saloons to cocktail bars in New York city*. Princeton: Princeton University Press.

Owens, A. (2012). Neighborhoods on the rise: A typology of neighborhoods experiencing socioeconomic ascent. *City Community, 11*(4), 345–369.

Park, L. S.-H., & Pellow, D. N. (2011). *The slums of Aspen: Immigrants vs. the environment in America's Eden*. New York: New York University Press.

Pinkster, F. M., & Boterman, W. R. (2017). When the spell is broken: Gentrification, urban tourism and privileged discontent in the Amsterdam canal district. *Cultural Geographies, 24*(3), 457–472.

Posey-Maddox, L., Kimelberg, S. M., & Cucchiara, M. (2014). Middle-class parents and urban public schools: Current research and future directions. *Sociology Compass, 8*(4), 446–456.

Riemann, C. S. (2016). *Baurechtliche Instrumente gegen Gentrifizierung*. Wiesbaden: Kommunal- und Schul-Verlag.

Robinson, J. (2006). *Ordinary cities: Between modernity and development*. London: Routledge.

Schipper, S. (2013). *Genealogie und Gegenwart der „unternehmerischen Stadt": Neoliberales Regieren in Frankfurt am Main 1960–2010*. Münster: Verl. Westfälisches Dampfboot.

Schlichtman, J. J., & Patch, J. (2013). Gentrifier? Who, me? Interrogating the gentrifier in the mirror. *International Journal of Urban and Regional Research, 38*(4), 1491–1508.

Searle, I. G. (2014). Conflic and commensuration: Conteste market maing in India's private real estate development sector. *International Journal of Urban and Regional Research, 38*(1), 60–78.

Shin, H. B. (2014). Contesting speculative urbanisation and strategising discontents. *City, 18*(4/5), 509–516.

Smith, N. (1979). Toward a theory of gentrification: A back to the city movement by capital, not people. *Journal of American Planning Association, 45*(4), 538–548.

Smith, N. (1996). *The urban frontier: Gentrification and the Revanchist city*. London: Routledge.

Smith, N. (2002). New globalism, new urbanism: Gentrification as global urban strategy. *Antipode, 34*(3), 427–450.

Solari, C. D. (2012). Affluent neighborhood persistence and change in U.S. cities. *City Community, 11*(4), 370–388.

Tissot, S. (2015). *Good neighbors: Gentrifying diversity in Boston's south end*. New York: Verso Books.

Üblacker, J. (2015). *Entwicklung der Gentrification-Forschung in Deutschland 1980–2014*. Berlin: Projektbericht.

Vogelpohl, A. (2013). *Mit der sozialen Erhaltungssatzung Verdrängung verhindern?: Zur gesetzlichen Regulation von Aufwertungsprozessen am Beispiel Hamburg*. Hamburg: Institut für Geographie.

Warnke, I. H. (2013). Urbaner Diskurs und maskierter Protest: Intersektionale Feldperspektiven auf Gentrifizierungsdynamiken in Berlin Kreuzberg. In K. S. Roth & C. Spiegel (Hrsg.), *Angewandte Diskurslinguistik: Felder, Probleme, Perspektiven* (S. 189–221). Berlin: Akademie.

Wienand, C. (2016). Soziale Dienste als Akteure im Prozess von Aufwertung und Gentrifizierung. In S. Dirks, F. Kessl, M. Lippelt, C. Wienand, & S. Dirks (Hrsg.), *Urbane Raum(re)produktion – Soziale Arbeit macht Stadt* (S. 153–179). Münster: Westfälisches Dampfboot.

Yip, N. M., & Tran, H. A. (2015). Is ‚Gentrification' an analytical useful concept for vietnam? A case study of Hanoi. *Urban Studies, 53*(3), 490–505.

Zukin, S. (1982). *Loft living: Culture and capital in urban change*. Baltimore: Johns Hopkins University Press.

Zukin, S. (1995). *The cultures of the city*. Oxford: Blackwell.

Zukin, S. (2010). *Naked city: The death and life of authentic urban places*. Oxford: Oxford University Press.